M000031961

MERCEDES L. GARCÍA BACHMANN
HERNÁN DALBES

EDITORXS

IGLESIAS EN PANDEMIA TEMPLOS EN CRISIS

HACIA NUEVAS ECLESIOLOGÍAS EN EL DISTANCIAMIENTO SOCIAL

JUANUNO1
EDICIONES

IGLESIAS EN PANDEMIA, TEMPLOS EN CRISIS
Hacia nuevas eclesiologías en el distanciamiento social
Editado por Mercedes L. García Bachmann y Hernán Dalbes, 2021,
JUANUNO1 Ediciones.

Las utilidades de este libro serán donadas anualmente a AMMPARO.

Library of Congress Cataloging-in-Publication Data
Name: García Bachmann, Mercedes L., editor. Dalbes, Hernán, editor.
Iglesias en pandemia, templos en crisis: Hacia nuevas eclesiologías en el
distanciamiento social / Mercedes L. García Bachmann, Hernán Dalbes.
Published: Miami : JUANUNO1 Ediciones, 2021
Identifiers: LCCN 2021940359
LC record available at https://lccn.loc.gov/2021940359

REL067050 RELIGION / Christian Theology / Ecclesiology
REL012110 RELIGION / Christian Living / Social Issues
REL028000 RELIGION / Ethics

Paperback ISBN 978-1-63753-012-2
Ebook ISBN 978-1-63753-013-9

Traductores/as *Ian Bilucich, Karla Steilmann*
Editor *Tomás Jara*
Créditos Portada *Equipo de Media y Redes JuanUno1 Publishing House*
Concepto diagramación interior & ebook *Ma. Gabriela Centurión*
Director de Publicaciones *Hernán Dalbes*

First Edition | Primera Edición
Miami, FL. USA.
Junio 2021

JUANUNO1
PUBLISHING
HOUSE LLC.

En memoria del Pastor Fabián Kreischer,
(1975-2021)
en la certeza de la resurrección
y en la esperanza de justicia terrena por su asesinato.

¡Qué hermosos son sobre los montes
los pies del mensajero
que anuncia la paz,
que trae buenas nuevas,
que anuncia salvación,
que dice a Sión:
«Ya reina tu Dios»*!*

- Isaías 52:7 (*Biblia de Jerusalén 2009*) –

CONTENIDO

Anexo

Pistas bíblicas para continuar pensando en Dios y
la salud-salvación.

Epílogo

La esperanza de que la "dislocación" nos "re-localice".

EN ESTAS PÁGINAS

"… coplas que sabe la gente

cantadas de boca en boca…"

Jorge Marziali, cantautor argentino (1947-2017)

Me toca escribir la presentación de este libro en el marco de la celebración de Pentecostés del año 2021 y aún en contexto de pandemia y de un confinamiento acentuado por más restricciones que apuntan a que no sigan trepando los casos de contagio por COVID-19 –y, por consiguiente, las muertes– de una *segunda ola* que vivimos en Argentina. No puedo dejar de imaginar que mis hijxs lean este libro dentro de veinte años, con la sensación de que están a punto de sumergirse en una bitácora de viaje.

Puedo ver, en estas páginas, que hay un viento que ha soplado, y que desde distintos lenguajes y mortajas, experiencias y territorios, conquistadores y rebeldías, otra vez ha venido a dejar entre nosotrxs el sobrenatural milagro de la comunicación, como pequeñas coplas que circulan tímidamente, de boca en boca, para no perderse en el naufragio del olvido de los pueblos. Un viento que ha venido a aferrarse a la memoria colectiva, una copla que carga la verdad de lo que siempre ha sido cierto, que trasciende fronteras, que empuja a la diáspora, que huele a tierra y olla humeante de solidaridad y abrigo, que hace a la iglesia.

Iglesias en pandemia, templos en crisis es un intento de respuesta a preguntas que muchxs nos estamos haciendo: ¿Es posible hoy experimentar el Espíritu de Dios?, ¿sigue teniendo la Iglesia una función que cumplir como comunidad de encuentro?, ¿sigue teniendo la Iglesia una función que cumplir como comunidad solidaria? Es un trabajo cartográfico en medio de este navegar, mientras sorteamos olas de vago optimismo y marejadas de fatalidad y apatía. Los templos han dejado de ser un faro, el lugar seguro, el cayado; y hemos tenido tanto tiempo confundida la idea de iglesia con la funcionalidad de los reductos, que puede parecernos que todo más allá de este agitado transitar es incierto, un espejismo. Pero esa copla que canta el Paráclito viene a recordarnos que es desde Ella que la iglesia cobra vida, sentido y misión. En estas páginas hay pequeñas postas hacia nuevas eclesiologías, como un origen de libertad de Aquella que sopla sobre nosotrxs, sobre lo comunitario, sobre la solidaridad con la otredad. Nuevas eclesiologías con improntas pastorales, bíblicas, teológicas, vivenciales, críticas, fuertemente críticas, de reconciliación, de hacer una pausa, de encuentro con lo diferente para hacer lugar al reencuentro con lo divino.

*

Este libro es un proyecto solidario que desarrollamos en conjunto la Iglesia Evangélica Luterana Unida Argentina-Uruguay, su Instituto para la Pastoral Contextual y JuanUno1 Publishing House. Es menester reconocer el trabajo, la gestión y articulación que ha aportado el Rev. Gustavo Gómez Pascua, presidente de la IELU cuando el proyecto inició, y que ya ha cesado en sus funciones el pasado mes de abril. Esta obra ve la luz en el inicio de la presidencia de la IELU de la Rev. Wilma E. Rommel, una de las autoras que ha participado.

Todo lo recaudado de la venta de este libro, en cualesquiera de sus formatos, territorios o idiomas, será donado íntegramente a AMMPARO.[1] Solo unas pocas copias serán retiradas de la venta para distribuir entre quienes contribuyeron en esta obra colectiva y también para su distribución gratuita, lo que le permitirá mayor visibilidad. Ningún/a participante en este libro ha recibido retribución económica alguna por su trabajo o aporte.

Por tanto, quiero expresar mi agradecimiento con lxs veintiocho autoras y autores que han compartido su inquieta y solidaria mirada a partir de sus aportes escritos: introducción, presentación, veintitrés capítulos, un anexo y el epílogo. A Karla Steilmann, mi gratitud por la traducción del capítulo de Ivone Gebara.

Al mismo tiempo, resta agradecer a mis compañerxs en JuanUno1 Publishing House: a Horacio Sandi, director financiero y propulsor de este proyecto; a Ian Bilucich, por la traducción del capítulo de Heidi Neumark; a Tomás Jara, corrector de JuanUno1 y Una Media Ediciones, por corregir

---

[1] Léase "Presentación", de Jaime Dubón, en este libro, que nos introduce al ministerio de AMMPARO.

todos los textos que componen esta obra; y a María Gabriela Centurión, nuestra encargada de gráfica y diagramación.

Mi agradecimiento también a la Dra. Mercedes L. García Bachmann, directora del Instituto para la Pastoral Contextual (IPC-IELU), quien me ha otorgado el honor de compartir conmigo la tarea de editar este libro, con una tremenda generosidad.

*

No puedo olvidarme de nuestro amado Fabián Kreischer, asesinado en el transcurso de esta exploración de otras eclesiologías que deben ir surgiendo y de las que era un genuino exponente.

Sobrevuela la idea de que en esta travesía no hay puerto donde amarrar. Tal vez sea insignificante, pero está dando vueltas en aquella copla que sopla y nos pasea de territorio en territorio, mientras buscamos preguntas y ensayamos respuestas. Estamos comenzando a trazar líneas que no dividen el mapa, sino que nos redirigen a volver la mirada a Aquel vulnerable y encarnado que nos dejó su aliento y su copla.

Hernán Dalbes
Director de Publicaciones
JuanUno1 Publishing House
Pentecostés, mayo de 2021

INTRODUCCIÓN
LA PANDEMIA, LOS TEMPLOS, LA IGLESIA
MARISA STRIZZI

LA PANDEMIA

La supervivencia y el crecimiento del cristianismo en sus cuatro primeros siglos están ligados a la respuesta que las primeras comunidades cristianas ofrecieron ante dos grandes pestes que devastaron el Imperio romano.[1] Mientras tales desastres sobrepasaron la capacidad de consuelo y explicación tanto de la religión romana como de la filosofía helenista predominante, el cristianismo pudo brindar explicaciones más satisfactorias acerca del sufrimiento y la muerte, cultivando, a su vez, una actitud de esperanza hacia el futuro. Por otra parte, la fuerza contracultural del amor y la caridad cristianos, ma-

---

[1] Ver Rodney Stark, *The Rise of Christianity: A Sociologist Reconsiders History*, Princeton: University Press, 1996; y la particular obra de William Hardy McNeill, *Plagues and Peoples*, New York: Anchor Books, 1976, pp. 181-183 [*Plagas y pueblos*, trad. H. Alsina Thevenet, Madrid: Siglo XXI, 2016].

nifestados en el servicio y la solidaridad hacia el prójimo, tuvo como resultado altos porcentajes de supervivencia entre las personas de estas comunidades y también entre sus vecinos y vecinas. El fenómeno estuvo acompañado de nuevas conversiones, ya que la pérdida de relaciones familiares y sociales a causa de la peste propició el acercamiento de las personas a esta nueva fe que construía fuertes lazos de contención social. Los escritos de Cipriano de Cartago, Dionisio de Alejandría y Eusebio de Cesarea lo reflejan.

Sabemos que, así como lo hicieron esas pequeñas comunidades primitivas, el accionar cristiano varió a través de los siglos, dando lugar a instituciones arraigadas y poderosas. En varias oportunidades, epidemias y pandemias generaron respuestas que ignoraron en gran escala el amor y la caridad cristiana y borraron el horizonte de esperanza. En algunos casos, los mensajes institucionales centrados en el castigo y la ira divinas alimentaron la culpabilización, el odio y la persecución social. En otros, proyectos sustentados por las buenas intenciones evangelizadoras y civilizadoras de distintas iglesias cristianas llevaron las enfermedades y el exterminio a poblaciones enteras.

El cristianismo tiene una historia de sufrimiento y resiliencia que inspira y nutre nuestro presente, a la vez que es parte de una historia de origen y propagación de sufrimiento que puede y debe fomentar una dimensión crítica sobre este. Si bien en los momentos de prueba elegimos qué pasado rememorar para fortalecernos, no es posible ignorar algunos datos del ADN institucional que siguen latentes en nuestras organizaciones.

LOS TEMPLOS

La iglesia cristiana está históricamente asociada a lugares de encuentro y adoración. Esto hunde sus raíces en la dimensión religiosa de lo humano y su necesidad de espacios sagrados. Las ciencias de la religión nos enseñan que del mismo modo en que las sociedades humanas son diversas, también lo son sus lugares sagrados y, así como las sociedades cambian en el tiempo, también lo hacen esos espacios. Esta topología es compleja: no se trata de lugares fijos, sino de flujos e itinerarios que se dan en una deconstrucción y reconstrucción dinámica. En el cristianismo, eso está registrado en los textos neotestamentarios, donde antiguos lugares son puestos en discusión: ya no es "ni en este monte ni en Jerusalén" (Jn 4:21), sino allí "donde dos o tres están reunidos en mi nombre" (Mt 18:20). Entonces, el espacio está abierto desde el inicio para el encuentro y la comunión, abrazando incluso nuestras geografías contemporáneas de lo sagrado.

La teología cristiana es guiada por el espíritu para dar razón de la presencia allí donde sentimos la amenaza de la ausencia. Es un verdadero laboratorio espiritual que realiza los experimentos más milagrosos con el tiempo y el espacio. Porque la palabra del amor cambia el modo en que el espacio es habitado y hace fluir el tiempo. De allí que el ciberespacio puede ser un lugar de encuentro, porque la palabra del amor no informa, sino que transforma: llena de esperanza el tiempo presente, haciéndonos presentes, y trastoca el espacio, haciéndonos cercan*s. No nos remonta al más allá, sino que densifica el más acá, donde la solidaridad y el cuidado al/l* otr* puede revestir diversos modos que apelan a la creatividad.

LA IGLESIA

Las comunidades de fe son las que dan testimonio de Dios; un Dios que es comunidad y comunión. Las iglesias son la expresión de la iglesia, que es la forma que Dios toma en el mundo. Esta no es cualquier forma, sino la forma del cuerpo de Cristo. Tal formato de acceso libre y abierto a tod*s constituye esta comunión que es *una* solo en cuanto es universal (*católica*). De allí, su pluriformidad, que acoge en sí tiempos y espacios, modos, culturas, tradiciones e historias diferentes. La constante transformación por el soplo testarudo del espíritu la hace *santa*: llamada a mostrar al mundo la gracia recibida, haciendo propio el clamor de las personas que sufren, las que pierden la esperanza, las que son marginadas y humilladas. Llamada a perseverar allí donde se anuncian los peligros mismos que desestabilizan sus fundamentos.

En esta pandemia que nos toca, en el lugar y en el momento de la renuncia, de la pérdida de la fe, del por-qué-nos-has-abandonado, este libro reúne expresiones de las múltiples maneras en que la iglesia sucede allí donde está la amenaza y fluye en geografías y tiempos impensados. A pesar –y a causa– de nuestras limitaciones, el espíritu nos abraza y la gracia prevalece. Lo nuestro es siempre dar testimonio.

PRESENTACIÓN

AMMPARO, MIGRANTES Y COVID-19

JAIME DUBON

A través de la cruz de Cristo, Dios nos llama a servir a las necesidades de nuestro prójimo, especialmente a aquellos grupos e individuos que sufren y son vulnerables. La cruz nos asegura que aun en nuestra vulnerabilidad, sufrimiento, y muerte, el poder de Dios está activo por medio de nosotros.[1]

La movilidad humana, o migración, es un fenómeno tan viejo como la humanidad. Constituye un derecho huma-

---

1 Documento de la ELCA "For Peace in God's World", https://www.google.com/url?-sa=t&rct=j&q=&esrc=s&source=web&cd=&cad=rja&uact=8&ved=2ahUKEwjTxL_rh-cbuAhU0G7kGHZSwAIgQFjAAegQIAxAC&url=https%3A%2F%2Fdownload.elca.org%2FELCA%2520Resource%2520Repository%2FPeaceSS.pdf&usg=AOvVaw2P0XtE-g1wDZ_A6uli6OC-T, citado en el documento borrador de la ELCA "Estrategia AMMPA-RO", 6, https://www.elca.org/Resources/AMMPARO#Spanish.

no, así como también es un derecho la decisión de no migrar. Las causas que provocan la migración varían de lugar a lugar. En Latinoamérica, los principales motivos están vinculados a la pobreza, los conflictos internos en ciertos países, las crisis políticas y la violencia pandilleril.[2]

A lo largo y ancho de toda la Biblia, hay suficientes elementos teológicos e historias que abordan el tema migratorio, desde la idea de que "Dios emigra del cielo a la tierra", pasando por las migraciones de Abraham y Sara y su familia, hasta la muy posterior de José, María y Jesús a Egipto, para protegerse de las persecuciones de Herodes el Grande.[3] Así, "se muestra a la realidad migratoria como un elemento común en la historia de la salvación".[4] Sin embargo, no nos mueve solamente el mandato bíblico; "nuestro amor por la persona extranjera se basa tanto en el amor de Dios por nosotros/as como en nuestra propia experiencia personal o ancestral de ser extranjeros y extranjeras en una tierra extraña".[5]

En este artículo, reflexionaremos sobre el impacto de la pandemia del COVID-19 sobre la realidad migratoria en la región de América Latina y enumeraremos algunas respuestas ofrecidas a dicha realidad por las iglesias luteranas y las

---

2 Según Oxfam Internacional, "'Aquí lo que hay es hambre'. Hambre y pandemia en Centroamérica y Venezuela", 3, https://www.oxfam.org/es/notas-prensa/oxfam-alerta-muerte-de-personas-centroamerica-venezuela-covid, "América Latina continúa siendo la región más desigual del mundo en términos de ingreso. Por ello, las personas de países pobres no lograrán sobrellevar la crisis por sí mismas, y requerirán de programas que les ayuden a superar las fases más agudas del COVID-19. Pronósticos de agencias del Sistema de Naciones Unidas y otras organizaciones subrayan el riesgo de una pandemia de niveles 'bíblicos'".

3 Mt 2:13-16. Ver también, entre otros, Dt 10:18-19; Lv 19:33-34; Mt 10:40; 25:35; 1 Jn 4:20.

4 Eliseo Pérez-Alvarez, *El Muro de la Tortilla: Migración y Mitos* (México DF: Comunidad Teológica de México, 2019). p. 17.

5 Stephen Bouman y Ralston Deffenbaugh, *They Are Us: Lutherans and Immigration* (Minneapolis: Fortress, 2009). p. 11.

organizaciones ecuménicas que conforman la red de Acompañamiento a Migrantes Menores con Protección, Incidencia, Representación y Oportunidades (AMMPARO, por sus siglas en inglés), de la Iglesia Evangélica Luterana en Estados Unidos (ELCA, por sus siglas en inglés).

MIGRACIÓN CENTROAMERICANA

Centroamérica experimenta actualmente lo que podría considerarse una "tormenta perfecta", desde la perspectiva migratoria, por las siguientes razones. Primero, la lamentable realidad de empobrecimiento a la que han sido sometidos la mayoría de los pueblos de la región desde la época de la conquista, dominio y colonización. Segundo, desde principios del presente siglo, se vive una situación de violencia pandilleril vinculada al crimen organizado, al tráfico de drogas y a la lamentable realidad de corrupción, particularmente en lo que se conoce como el Triángulo Norte (Honduras, El Salvador y Guatemala). Tercero, la pandemia del COVID19, desatada en marzo del 2020, ha azotado fuertemente la región, lo que marcó un incremento en los niveles de pobreza, hambre y marginalización. Cuarto, el fuerte impacto de los huracanes Eta (1 al 14 de noviembre) e Iota (13 al 18 de noviembre), que han generado muerte y destrucción y han agudizado la ya precaria realidad económica y social de las comunidades marginadas de la región.

Finalmente, la realidad política de Estados Unidos. Durante los últimos cuatro años (2017-2020), esta nación del norte estuvo gobernada por un presidente republicano que implementó muchas políticas antinmigrantes, pero las elecciones del pasado 3 de noviembre dieron la victoria al Partido Demócrata, por lo que a partir de este año se espera que el nuevo presidente implemente una política migratoria más favorable para la población migrante. En este sentido, esta realidad compleja y delicada ha creado "condiciones perfectas" para suponer un incremento significativo de las migraciones centroamericanas hacia los Estados Unidos a partir de enero del presente año.

AMMPARO, RESPUESTA DE LA ELCA A LA CRISIS MIGRATORIA CENTROAMERICANA

En 2014, los medios de comunicación expusieron a la luz pública en [sic] la crisis humanitaria en Honduras, El Salvador y Guatemala que forzó a casi 70 000 niños no acompañados y a otros 70 000, en su mayoría madres y niños, a huir a Estados Unidos, donde fueron arrestados por la Oficina de Aduanas y Protección Fronteriza de EE.UU.[6]

La ELCA fue testigo del desplazamiento forzoso de estas familias, niñas y niños por medio de sus conexiones históricas y personales con iglesias de la región, lo cual nos llamó a la acción. Por tanto, en su asamblea trianual del 2016, la ELCA adoptó oficialmente AMMPARO como su forma de responder a dicha crisis migratoria centroamericana. Como respuesta integral de toda la iglesia que conecte los resultados internacionales con los de EE. UU., la ELCA desarrolló dicha estrategia migratoria, enumerando los siguientes compromisos:

---

6 "Estrategia AMMPARO", 1.

Defender y garantizar los derechos humanos básicos y la seguridad de niños, niñas y familias migrantes

Abordar las causas principales de la migración en países del triángulo norte de Centroamérica y México y el trato de los migrantes en tránsito

Luchar para que las políticas que afectan a los migrantes dentro y fuera de EE. UU. sean justas y humanas

Como cuerpo de la iglesia, involucrarse, junto con todas sus compañeras, afiliados y socios, en la respuesta a la situación de la migración y sus causas e incidir por los niños migrantes y sus familias[7]

En 2020, a raíz de la complejidad del fenómeno migratorio en la región de América Latina y el Caribe y del éxito obtenido en los primeros cuatro años de implementación de la estrategia AMMPARO en la región del Triángulo Norte de Centro América y México, la ELCA decidió implementar una continentalización de dicha estrategia. Esto implica la necesidad de coordinar, organizar, articular y sistematizar la respuesta de la organización y sus socias a la situación migratoria en el continente. Esta continentalización de AMMPARO incluye la creación de redes y la articulación de programas entre compañeros y compañeras que trabajen con la misma población dentro de un país determinado, en países adyacentes, en el corredor mesoamericano y en subregionales emergentes, y la ampliación de la red AMMPARO con el trabajo de defensa e incidencia de la ELCA dentro de los Estados Unidos.

---

7 "Estrategia AMMPARO", 5.

SITUACIÓN MIGRATORIA EN LA FRONTERA MÉXICANA-ESTADOUNIDENSE

En tiempo de pandemia y del gobierno de Trump, la situación en la frontera entre EE. UU. y México se vio muy afectada. Por un lado, la política migratoria del gobierno estadounidense endureció las leyes migratorias, lo que obligó a los peticionarios de asilo a esperar en la parte mexicana de la frontera. Por el otro lado, la frontera estadounidense se cerró, con la consecuencia de que "los Protocolos de Protección al Migrante (MPP) de la administración Trump, o la política de 'Permanecer en México', han obligado a casi 70 000 personas que buscan asilo en los Estados Unidos a esperar en peligrosas ciudades fronterizas mexicanas mientras sus casos están pendientes, en violación del derecho estadounidense e internacional, que prohíbe devolver a solicitantes de asilo a lugares donde temen que puedan ser perseguidos/as".[8]

Por supuesto que la migración de Centroamérica a Estados Unidos no es un fenómeno nuevo, pero lo que estamos destacando es el hecho de que la situación de pandemia y de otros factores circunstanciales en la región han exacerbado la necesidad migratoria hacia EE. UU.

MIGRACIÓN NICARAGÜENSE

Un análisis de los flujos migratorios nicaragüenses revela

---

8 "Forced into Danger: Human Rights Violations Resulting from the U.S. Migrant Protection Protocols", *Relief* [20/1/2021]. Disponible en: https://reliefweb.int/report/united-states-america/forced-danger-human-rights-violations-resulting-us-migrant-protection. Este informe de la Organización de Estados Americanos (OEA), citado por la Oficina de las Naciones Unidas para la Coordinación de Asuntos Humanitarios, también señala la violencia, trauma y abusos de los derechos humanos de quienes se han visto obligados/as a permanecer largo tiempo en la frontera.

que este es un fenómeno reciente de no más de veinticinco años de antigüedad. Su actual situación es producto de una conjunción de factores socioeconómicos y políticos, como los fuertes cambios políticos en el país en la década de los ochenta y las transformaciones en el sistema productivo, en los noventa. Actualmente, Nicaragua tiene a más del 10 por ciento de su población viviendo en otros países. Los flujos migratorios nicaragüenses son elevados en su magnitud y se dirigen especialmente a dos naciones: Estados Unidos y Costa Rica. Estos países tienen características muy distintas; el primero es un país desarrollado, de difícil ingreso para migrantes y con marcadas diferencias culturales con Nicaragua; el segundo, un país vecino con el que se comparte una larga frontera, idioma, tradiciones y raíces comunes.[9]

La crisis política y económica que vive Nicaragua en los últimos años también ha provocado un incremento de migraciones, las cuales ya no solamente tienen a Costa Rica como país de destino, sino también a Panamá y otros lugares. Es más, a pesar del pobre manejo que el gobierno nicaragüense ha hecho de la pandemia, no se registran incrementos migratorios significativos hacia Costa Rica, aunque la crisis sí impacta negativamente la condiciones de quienes migran y quienes ya viven en dicho país.

MIGRACIÓN VENEZOLANA

Según la Organización Mundial para las Migraciones de las Naciones Unidas (OIM)[10], el número de venezolanos y vene-

---

9 CEPAL, "Migración internacional y desarrollo en Nicaragua", 1/2006. Disponible en: https://www.cepal.org/es/publicaciones/7202-migracion-internacional-desarrollo-nicaragua.

10 "Refugiados y migrantes de Venezuela superan los cuatro millones: la OIM y el ACNUR". [6/7/2019].   https://www.iom.int/es/news/refugiados-y-migrantes-de-venezue-

zolanas que abandonaron su país ha superado los cuatro millones, constituyéndose así en uno de los mayores grupos de poblaciones desplazadas del mundo.

El ritmo de emigración de Venezuela ha sido asombroso. Para finales del 2020, la cantidad de refugiadas/os y migrantes se había disparado a cerca de 5.4 millones, que se volcaron, en su gran mayoría, a los países latinoamericanos.[11] La pandemia del COVID19 empeoró el ya complicado panorama de las migraciones venezolanas, principalmente hacia los países sudamericanos. Otro informe de la OEA citado por OCHA establece que "La pandemia Covid-19 agravó la crisis migratoria venezolana en 2020. Si bien el flujo de salida se desaceleró por el cierre de fronteras y el confinamiento obligatorio, estas medidas aumentaron las dificultades que enfrentan migrantes y refugiados/as venezolanos/as y, por ende, los desafíos de atención, protección e integración".[12] Las iglesias luteranas y organizaciones compañeras con quieres nos relacionamos y trabajamos a lo largo y ancho de América Latina y el Caribe se vieron desafiadas, a la vez que hallaron en la pandemia una oportunidad para reafirmar y profundizar su compromiso de trabajo con personas migrantes.

CAMINANTE, NO HAY CAMINO...

Como ya hemos dicho antes, la realidad migratoria en América Latina, agravada por la pandemia del coronavirus, ha

---

la-superan-los-cuatro-millones-la-oim-y-el-acnur.

11 Colombia alberga alrededor de 1,7 millones, seguido por Perú, con un millón, Chile y Ecuador con más de 400 000 cada uno, Argentina, 170 000, y Brasil, un cuarto de millón; también México y los países de América Central y el Caribe han recibido venezolanos/as.

12 "Situation Report: Venezuelan Migration and Refugee Crisis (December 2020)". [31/12/2020]. https://reliefweb.int/report/colombia/situation-report-venezuelan-migration-and-refugee-crisis-december-2020.

desafiado a las iglesias luteranas de la región a profundizar su compromiso de trabajar con las comunidades migrantes en sus respectivos contextos. Por supuesto, la nueva realidad también ha forzado a las iglesias a adaptarse a los tiempos emergentes, a ser creativas en cuanto a las maneras de trabajar y a utilizar los medios a su alcance para hacer visible y creíbles los signos del reino de Dios entre nosotros y nosotras.

Como diría el poeta español Antonio Machado, "caminante, no hay camino". Las iglesias han tenido que hacer camino al andar, han aprendido al hacerlo. Y así, desde México hasta Argentina y Chile, como ELCA hemos tenido la oportunidad y la bendición de acompañar los diferentes esfuerzos encaminados a contrarrestar los efectos de la pandemia en las comunidades migrantes.

UNA SOLA REALIDAD, VARIAS FORMAS DE RESPONDER

En la frontera entre México y Estados Unidos hemos acompañado a la Casa Migrante del Saltillo, en Nogales, Sonora, la cual ha intentado cubrir las necesidades básicas de quienes solicitan asilo y de quienes cuentan con la aprobación para ingresar a los EE. UU. en el marco de la pandemia. En este sentido, se han distribuido alimentos, ropa, suministros médicos, suministros de higiene, incluidos pañales y material educativo. También se ha provisto transporte hacia y desde las citas para quienes buscan asilo y financiamiento para viajes a su destino final en los EE. UU. Muchas personas requirieron asistencia legal y comunicación para sus familias a ambos lados de la frontera.

La Iglesia Luterana Mexicana (ILM) también ha hecho algo muy interesante a fin de acompañar a la comunidad migrante en tiempos de pandemia. Siguiendo el leccionario bíblico ecuménico, cada semana publica, a través de las redes sociales, un comentario bilingüe (español e inglés) exegético y homilético con perspectiva migratoria. ¡Es una gran forma de ofrecer reflexiones y pautas interpretativas del texto semanal desde la realidad de la comunidad migrante![13] También, como parte de la estrategia AMMPARO, se creó un señalador de libros con cuarenta textos bíblicos que sirven de invitación para hacer cuarenta días de lectura bíblica y oración durante Cuaresma.

En el Triángulo Norte de Centroamérica, el trabajo de acompañamiento a las personas migrantes, refugiadas, retornadas y deportadas en tiempos de pandemia se ha hecho a través de la Asociación Pop Noj (www.asociacionpopnoj.org) de Guatemala –que se enfoca en atender a niños y niñas de comunidades indígenas–, de la Iglesia Luterana Salvadoreña (ILS), la oficina de Servicio Mundial de la Federación Luterana Mundial en Honduras (FLM-SM) y de la Comisión de Acción Social Menonita en Honduras (CASM). Todas ellas han hecho un trabajo integral que va desde proveer alimentos, artículos de higiene y limpieza, hasta atención espiritual y psicosocial, así como de educación y prevención.

La Iglesia Luterana Costarricense (ILCO), que trabaja específicamente en atención a migrantes nicaragüenses, reporta que, aunque tiene experiencia en el trabajo con la población migrante en general, durante la pandemia se ha enfocado en asistir a personas que solicitan refugio. La Iglesia ha realizado la construcción de un albergue para personas en condición de

---

13 https://www.facebook.com/849608315408597/videos/1229573020773160.

refugio desde el año 2019, con una capacidad de treinta personas para un cierto tiempo establecido. En este albergue, cuentan con apoyo psicosocial y apoyo en los trámites migratorios, entre otros. Actualmente, con la cantidad de personas en esta condición, se está construyendo un salón especial de psicotraumatología, el cual responde a las necesidades específicas de esta población particular.

Con el mismo enfoque de trabajo integral a las personas migrantes, refugiadas y las que buscan asilo, se ha acompañado a la Iglesia Evangélica Luterana en Venezuela (IELV) a la Iglesia Evangélica Luterana en Colombia (IELCO), a la Iglesia Luterana del Perú (IL-P), a la Iglesia Evangélica Luterana en Chile (IELCH) y a la Iglesia Evangélica Luterana Unida en Argentina y Uruguay (IELU). También se ha apoyado el trabajo de la Oficina de Servicio Mundial de la FLM en Colombia, al Socorro Luterano Mundial en Perú (SLM), y a la Comisión Argentina para Refugiados y Migrantes (CAREF).

Por supuesto que tanto las iglesias como las organizaciones basadas en la fe se enfrentaron a la necesidad de adaptar su trabajo a la realidad de pandemia de la región. Esto ha implicado que en la mayoría de los casos no se haya podido realizar actividades presenciales, por lo que la alternativa ha sido el enfoque virtual. Para poder continuar haciendo el trabajo en tiempos de pandemia, han tenido que capacitarse en destrezas tecnológicas, en el uso de medios sociales (social media) y de plataformas virtuales.

En síntesis, podemos decir que las iglesias y organizaciones ecuménicas que conforman la red AMMPARO de la ELCA en la región vieron en esta realidad de pandemia una exigencia bíblica y un llamado profético para profundizar su trabajo a favor de las comunidades migrantes y de refugiados. La ELCA, por su parte, ha tenido la bendición de acompañar de diferentes maneras a dichas iglesias y organizaciones compañeras en sus ministerios con migrantes y refugiados/as. En un primer momento, la respuesta de los socios y socias de la ELCA en beneficio de las personas migrantes y refugiadas se enfocó en atender las necesidades básicas de alimentos, higiene, albergue, ropa y prevención. En una segunda fase, dicha respuesta no solamente se enfocó en continuar ofreciendo asistencia humanitaria en las áreas señaladas, sino que también incluyó la recuperación: atención espiritual y psicosocial, medios de vida, prevención de la violencia (infantil, de género, intrafamiliar, etc.), educación en salud, entre otras.

La pandemia obligó a las iglesias y organizaciones basadas en fe a ser contextuales y creativas en su manera de trabajar. La gran lección ha sido aprender a ser iglesia virtual y hacer ministerio de maneras distintas. Esto ha permitido conectarse con muchos grupos con quienes nunca se había tenido contacto, pero también ha significado no poder conectarse con aquellos sectores que carecen de medios tecnológicos. Cuando la "nueva normalidad" llegue, se tendrá que considerar la necesidad de seguir trabajando de manera híbrida: conexión y relación tradicional, en persona, junto al trabajo virtual.

Frente a la creciente brecha entre pobreza y riqueza en la región, y ante los desafíos propios de América Latina y el Caribe, ¡qué gran oportunidad tenemos las iglesias y las organizaciones de la fe para testimoniar de Dios en palabras y en acciones!

SECCIÓN I:
HACER TEOLOGÍA EN LA INCERTIDUMBRE

A lo largo del año entero han quedado expuestas las fisuras de los fundamentos de Babilonia. Podés ver su torre meciéndose en el viento y, en esas fisuras, veo crecer flores. Nueva vida. Nuevas raíces. Veo las raíces de toda libertad [*freedom and liberty*] en esta tierra. Veo amor, liberación y salvación. Te veo, Amado, con todo lo que hiciste este año y creo. Creo que este Creador y este Dios a quien servimos va a encontrar un camino para todos/as nosotros/as. ¡Que escuchemos en el 2021! Amén.[1]

---

1 Rev. Lenny Duncan, https://lennyduncan.substack.com/p/slay-the-beast-an-ode-to-2020 (ELCA)

NAVIDAD EN PANDEMIA: UNA PROSA POÉTICA PARA REFLEXIONAR EN COMUNIDAD

IVONE GEBARA

¡Estamos en tiempo de Navidad! La pregunta que se nos ocurre con frecuencia, especialmente como cristianos y cristianas, es si seremos mejores cuando el sufrimiento de la actual pandemia termine.

Navidad, nacimiento de una criatura, llena de promesas y llena de nuestros sueños sobre ella. La criatura está allá, frágil, pequeña, todavía no sueña. Es apenas objeto de nuestros muchos sueños, dependiente de nuestras historias, de nuestras necesidades y preocupaciones. La criatura recién nacida solamente vive, no sueña. Respira y es cuidada por nosotras. No se cuida, no prepara sus alimentos, depende de nosotros. Pide vida y cuidado, llorando.

Sin embargo, en la pandemia estamos como en

dolores de parto, esperando ver el rostro de nuestra criatura en común, la nueva página de la historia. En la realidad, todavía no podemos ver este rostro. Podemos únicamente vivirlo en el presente como espera, intentando descubrir sus necesidades en el presente de la espera. De nada sirve que preparemos el futuro de la criatura lejos del presente. Sin el presente, no hay futuro. Sin la espera y los dolores del parto, no hay nacimiento; y sin nacimiento, no hay vida, y tampoco las sorpresas de la vida.

Pero en vano somos eternos soñadores de mundos mejores. Queremos saber como será... somos como el fénix, que quiere resurgir aún más lindo desde sus propias cenizas, sin percibir que el nuevo fénix tendrá que pasar por las múltiples y lentas etapas de crecimiento. El bello plumaje del fénix tiene que ir naciendo gradualmente. Al principio no se percibe su belleza, solamente se espera, solamente se sueña, solamente se proyecta su colorido exuberante. Es cada día que el fénix va creciendo y convirtiéndose en algo que se espera de él, y también mucho de lo que no se esperaba de él.

La Navidad, nacimiento de una criatura, nacimiento de Jesús, solo pudo ser pintada y contada después de su muerte, una vez adulto. Del fénix Jesús de Nazaret se contó el nacimiento porque ya había pasado su vida, su crucifixión, su muerte. Se pudieron hacer historias con un cielo estrellado, con una estrella guía, con reyes magos, con regalos para la criatura, con una madre y un padre amorosos y muchos pastores que contemplaban su belleza. En medio de toda esa hermosura y poesía, las amenazas de Herodes y de tantos otros poderes no faltan. Es como si el nacimiento de alguien tuviera que ser necesariamente encuadrado en los riesgos de la historia, en las contradicciones que la habitan, en el bien y en el mal que nos acompañan y que siempre se muestran en conjunto.

El sueño de que después de la tragedia vendría la bonanza, de que después del diluvio tendríamos la nueva creación, es sin dudas el bello anhelo que muchos pueblos creamos para movilizar las energías positivas dentro de nosotras, dentro de nosotros. Crear sueños, prever y esperar es parte de nuestra constitución humana. Sin embargo, intentar mirar la realidad con ojos desnudos, a pesar de la polvareda y del sol abrasador, es algo absolutamente necesario, es una parte nuestra, muchas veces olvidada.

Es la fiesta de Navidad, y nuestras iglesias y templos están vacíos. No pueden ser abiertos porque el virus que circula es capaz de multiplicarse y provocar más contagios, enfermos y muerte. Y, entonces, inventamos las celebraciones virtuales en un mundo que se protege en la virtualidad de los medios de comunicación. ¿Serán los nuevos medios de comunicación capaces de producir el calor, la convivencia y el amor que necesitamos? ¿Podrían convocarnos a darnos las manos para construir relaciones diferentes? ¿Podrían crear otras formas de encuentro capaces de tocar nuestros corazones?

Mi respuesta es ¡"no sé"! No sé, porque el nuevo momento recién está naciendo. El nuevo momento todavía no se escogió, todavía no camina por sí solo, todavía no come ni bebe solo. ¡El nuevo momento es solamente una criatura muy pequeña!

Estamos usando medios de emergencia para continuar las cosas importantes de nuestra vida. Estamos en las iglesias, escuelas y universidades, predicando los unos a los otros, con puertas virtuales abiertas o cerradas. Estamos repitiendo lo que ya decíamos antes de la pandemia, solamente envueltos en nuevas cuestiones de supervivencia, angustias cotidianas, miedos de perder uno más de los que nos son cercanos o distantes.

¡Llegó la Navidad y todavía estamos en la pandemia!

Contamos otra vez la historia del niño Jesús como si su vida hubiera empezado en aquel instante mágico en el pesebre. Sin embargo, el niño Jesús que nació para nosotros y nosotras ya había vivido como un hombre contestatario del orden injusto de su tiempo. Había sido perseguido y crucificado. Había sido condenado a la infame muerte de cruz. Las mujeres y hombres que a él se aproximaban pertenecían a la estirpe de quienes luchan por la justicia en las relaciones, que entregan su vida para que otros y otras vivan con más dignidad, se aproximan a quienes cayeron por los caminos, no temen a leprosos, ladrones y prostituidas: les dan la mano, creyendo que todos, que todas, tienen el mismo valor. ¡Nació un movimiento después de la muerte del hombre de treinta y tres años! Y el movimiento Jesús nació como una criatura, en un lugar lejos de los palacios, alejado de la protección de los ejércitos y de los templos. Nace del lugar "de los sin lugar", expuesto a los animales, al cielo estrellado y a la brisa suave que los calienta. La novedad es siempre una criatura que guarda las mejores esperanzas, los sueños más lindos, como si su presencia tan frágil encendiera en nosotros y nosotras el deseo de recrear un mundo mejor para ella y por ella. ¡Y la esperanza obstinada sigue así su arduo camino junto a nosotras y nosotros!

Sin embargo, la pandemia COVID-19 es, en cierto sentido, como una sorpresa o una mala noticia que nos invadió y que rechazamos. Tememos sus efectos nefastos. Odiamos su forma de sacarnos de hábitos adquiridos, de actividades cotidianas, de proyectos, de placeres individuales y colectivos. No es la novedad de la llegada de una criatura, sino que es la invasión de un fantasma oculto y aterrador que puede atacarnos en diferentes situaciones, y hasta matarnos. El virus nos mostró otra vez el lado cruel de nuestro mundo. Nos hizo ver de nuevo la distancia que creamos entre pobres y ricos, entre blancos y negros, entre indígenas y blancos, entre mujeres y hombres, entre nosotros, nosotras, y la naturaleza. El virus amenazante es revelador de aquello que hemos hecho con nuestro mundo, revelador de las constantes injusticias y violencias que mantenemos a pesar de nuestros templos, a pesar de nuestras iglesias, a pesar del bien que decimos querer vivir. Pero es también revelador de nuestra capacidad de solidaridad, de empatía, de mutualidad en las situaciones difíciles y en las pequeñas alegrías, como los sueños en el pesebre.

No hay fórmulas para que seamos iglesias mejores, comunidades de fe ancladas en la tradición ética de los evangelios. Habrá que buscar nuevamente agua y harina, encender el fuego, hornear el pan y compartirlo. Habrá que aceptar abrir nuestros corazones más allá de las donaciones materiales que hacemos a los pobres. Habrá que ver las posibilidades que tenemos de inventar una nueva convivencia mutua, convivencia local, nacional, mundial. Estamos siendo convocados y convocadas a reinventar el mundo. No simplemente los negocios, las escuelas, las actividades industriales y comerciales que continuaron reproduciendo los mismos comportamientos. El desafío es a ir más allá de eso. El virus está gestando en nosotros y nosotras algo que debería ser decisivo para los próximos años que vendrán. Nuevas formas de vida, nuevas expresiones de nuestras creencias en la vida, nuevos sentidos, nuevas inspiraciones artísticas, nuevas aproximaciones a nuestros textos sagrados. ¡El virus exige transformaciones del corazón! ¿Cuáles son y cómo serán? El virus no nos lo dice y tampoco podemos adivinarlo con seguridad. Sin embargo, intuimos algo a partir de las tragedias que estamos viviendo. Aprehendemos algo de la muerte de las poblaciones, de los ríos, de los bosques y de tantos animales. Captamos algo del hambre mundial que volvió a ser casi endémico, de las revueltas y guerras que se multiplican, del odio que sofoca los intentos del amor. Las señales de los tiempos están ahí. Necesitamos ser nuevamente alfabetizados y alfabetizadas en el arte de leerlas y permitir que ellas nos inspiren a organizar nuevas formas de vida, de justicia, de educación y de convivencia.

Las tradiciones religiosas tienen su papel. Necesitan salir de sus seguridades institucionales, de sus dogmas fijos, de sus libros sagrados leídos literalmente, y enfrentarse a la precariedad de la vida, a la fragilidad de lo que es, a la dinámica de la vida y de la muerte que nos constituye y reinventa. Las tradiciones religiosas no pueden querer salvarse, preservarse, mantener sus fieles. Podrán, quizás, invitarse a salir de su gueto y enfrentarse al múltiple dolor de los otros y las otras, aproximarse no con etiquetas eclesiales, sino con un corazón cuya identidad humana sea absolutamente suficiente.

No hay más recetas de cómo ser "buenos cristianos y buenas cristianas". No hay más recetas teológicas y litúrgicas para celebrar la Navidad. Habrá que conversar por el camino hasta que el corazón arda de amor, hasta que el pan que se lleva en el bolso sea partido y compartido también con los pájaros y las hormigas del camino, hasta que el aceite guardado sea ungüento para calmar las heridas del cuerpo, hasta que podamos, otra vez, correr por los caminos, gritando "¡*Estamos vivas, estamos vivos!"* y podamos reír al unísono en la alegría que volverá a habitarnos lentamente.

CONSTRUYENDO PUENTES EN MEDIO DEL DISTANCIAMIENTO SOCIAL

RAFAEL MALPICA PADILLA

La pandemia del coronavirus ha causado grandes estragos en la sociedad norteamericana que, como nación, tiene los mayores índices en la tasa de infecciones y muertes en el mundo. La pandemia también ha generado una crisis económica con rasgos muy similares a los de la Gran Depresión de 1929. Contrario a otras naciones, la administración del presidente Donald Trump fue muy lenta en implementar medidas de prevención para mitigar la expansión de la pandemia. Las acciones concretas para el desarrollo de una estrategia de salud pública recayeron sobre los gobiernos municipales y estatales.

Uno de los datos más significativos en esta crisis ha sido el impacto desproporcionado de la pandemia en las comunidades minoritarias y/o marginales. Los datos del Centro para el Control de Enfermedades (Center for Disease Control and Prevention) indican que los afroamericanos son cinco veces más propensos a contraer el COVID-19 que la mayoría caucásica. Para la comunidad latina, la tasa es cuatro veces más alta.[1] En su informe "Reducing the Disproportionate Impact of COVID-19 Among Communities of Color", la Asociación Nacional de Gobernadores resume que las familias de bajos ingresos son más propensas al contagio, es decir, el factor económico es una variable importante. El factor económico determina a) el acceso a servicios de salud preventiva; b) la posibilidad de participar en estrategias de aislamiento, debido a que sus trabajos son denominados como esenciales; y c) el hacinamiento en las unidades familiares.[2] Otro agente que es necesario mencionar es el aumento en la incidencia de violencia contra las mujeres.

Las prácticas de aislamiento y distanciamiento social pueden tener un efecto negativo conducente a una mayor marginalización y exclusión de las comunidades empobrecidas. Es en este contexto que nos preguntamos por el rol de la iglesia en medio de la pandemia.

En el 1527, se da un nuevo brote de la peste bubónica en la ciudad de Wittenberg, donde Martín Lutero enseñaba en la facultad de la Universidad. Lutero le escribe a la comunidad sobre la importancia de atender al prójimo en necesidad, en-

---

1 https://discoveries.childrenshospital.org/covid-19-communities-of-color/. Acceso: 15 de diciembre del 2020.

2 National Governor Association. "Living in a low-income household can increase a person's risk of getting COVID-19 for several reasons. For instance, many low-income workers hold essential jobs that don't offer the option to work from home, which increases risk of exposure. They may also live in housing with multiple family members and significant crowding, making it difficult to quarantine if someone becomes ill. Some of those family members may be older, which can make them more vulnerable". Disponible en: https://www.nga.org/memos/impact-covid-19-communities-of-color/. Acceso: 15 de diciembre del 2020.

fatizando la centralidad del servicio y, aun cuando sea necesario abandonar la ciudad para atender a su propia familia, hace un llamado a tomar las provisiones necesarias para sostener al hermano y hermana en necesidad.[3] En la misma carta, también escribe sobre la responsabilidad especial de los oficiales públicos en el tiempo de crisis.

La misiva de Lutero tiene como eje medular el amor al prójimo o al necesitado, es decir, la misión de la iglesia en medio de la "peste" era acompañar al pueblo que sufría los embates terribles de la enfermedad. Este volcarse hacia el prójimo en amor y servicio es el principio hermenéutico para comprender la teología de Lutero. La radicalidad de la gracia se vive en la alteridad, en la capacidad de hacerse uno con el otro o la otra, particularmente con aquel o aquella que sufre. Este principio hermenéutico me lleva a construir una definición de la misión de Dios, que se recoge en el artículo que define la esencia de la identidad luterana –la justificación por la gracia mediante la fe–, teniendo en cuenta que la justificación va íntimamente ligada a la santificación. La libertad cristiana es una liberación del pecado y para el servicio al otro y la otra. Así, pues, entendemos la misión de Dios como el restaurar comunidad. Somos liberadas y liberados para amar.

La marginalidad, pues, se constituye, en el *locus* de la acción de Dios, y, por tanto, es allí donde la iglesia se encarna como instrumento de Dios para la liberación y la restauración de la creación. En los márgenes, encontramos a las y los "crucificados de Dios".[4] El tránsito hacia la marginalidad no es

---

3 Martín Lutero, "Whether One May Flee from a Deadly Plague", *Luther's Works*, Vol. 43: *Devotional Writings II*, Jaroslav Pelikan (ed.), Hilton C. Oswald, and Helmut T. Lehman (Philadelphia: Fortress Press, 1999), 119-38.

4 Frase acuñada por Ignacio Ellacuría y los jesuitas de la Universidad Centroamericana de El Salvador.

una acción pragmática de la iglesia en su acción misional para encontrar a quienes serán objetos de su acción caritativa. Ese tránsito y construcción de puentes tiene como objetivo el desplazamiento de la iglesia de su posición de privilegio y la conduce hacia el vaciamiento (*kenosis*) a favor de los sufridos de Dios en el mundo. En la parábola del "Juicio de las Naciones" el evangelio según Mateo pone de relieve esta realidad para la comunidad de fe: "... porque tuve hambre y me disteis de comer, tuve sed y me disteis de beber; fui forastero y me recogisteis; estuve desnudo y me vestisteis; enfermo y me visitasteis; en la cárcel y fuisteis a verme... De cierto les digo que en cuanto lo hicisteis a uno de estos mis hermanos más pequeños, a mí lo hicisteis" (Mt 25:42-43, 45).

En su respuesta internacional a la Pandemia del CO-VID-19, la Iglesia Evangélica Luterana en América se ha refrenado en promover o imponer medidas de salud pública descontextualizadas, que privilegian a clases sociales media y media alta y tienden a exacerbar la vulnerabilidad de las clases marginalizadas. En colaboración con iglesias hermanas y en apoyo a su respuesta a la pandemia, hemos priorizado acciones que atienden las siguientes áreas:

Violencia de género: los datos muestran un incremento en la violencia intrafamiliar como resultado del aislamiento, la restricción de movimiento y la pérdida de empleo.

Apoyo psicosocial.

Apoyo a iniciativas para suplementar la pérdida de empleo y el sostenimiento de la economía familiar.

Atención a comunidades extremadamente vulnerables, tales como personas HIV positivas (India), la comunidad transexual (India), personas con discapacidad física (Líbano), migrantes (Malawi, América Central, Nepal), la comunidad no-oyente (Tanzania).

Aún nos queda una tarea muy importante por delante en la respuesta a la pandemia. Esta es la labor de incidencia. Afortunadamente, se han producido vacunas para el COVID-19 y necesitamos colaborar para que este recurso se haga accesible a las comunidades vulnerables. Asuntos tales como costos, distribución y licencias para la reproducción genérica deben ser parte de la tarea de la iglesia en la construcción de puentes hacia la equidad en la implementación de políticas y prácticas de salud pública para la mitigación de esta pandemia.

Concluyo con una frase del teólogo español Raimundo Pannikar, que describe la tarea de la iglesia en su participación en la misión de Dios para el mundo: "El gran reto hoy es convertir el pan sagrado en el pan cotidiano, la paz litúrgica en la paz política, la adoración del creador en la reverencia hacia la creación, la comunidad cristiana en oración en una auténtica cofradía humana. Es muy arriesgado celebrar la eucaristía. Tal vez la tengamos que dejar inconclusa, habiéndonos ido, en primer lugar, a darles a los pobres lo que les pertenece".[5]

---

5 Raimundo Panikkar, "Man as a Ritual Being", en *Chicago Studies*, 16 (1977): 27. Traducción propia. ["The great challenge today is to convert the sacred bread into real bread, the liturgical peace into political peace, the worship of the creator into reverence for the creation, the Christian praying community into an authentic human fellowship. It is risky to celebrate the Eucharist. We may have to leave it unfinished, having gone first to give back to the poor what belongs to them"].

LAS PARADOJAS DE LA PANDEMIA

MARÍA DE LOS ÁNGELES ROBERTO

Una paradoja es un hecho o una frase que parece oponerse a la lógica. Desde que comenzó la pandemia, las paradojas se instalaron en nuestra vida. En este artículo repasaré las que me parecieron más relevantes y analizaré la que está vinculada con la religión.

1. La paradoja del cuerpo: si asistimos a todas las clases virtuales de entrenamiento y actividad física que nos ofrecen desde las redes sociales, seguramente tendremos un cuerpo escultural cuando termine la pandemia, si es que se termina. Pero ¿quién ve, quién toca, quién percibe ese cuerpo perfecto si estamos solos y solas, si no podemos abrazarnos, tocarnos, percibirnos fuera de una pantalla?

2. La paradoja del tiempo: la mayoría de las instancias laborales consideradas no esenciales se realizan

en línea. No viajamos tanto para ir a trabajar o para realizar actividades. Ese tiempo ahorrado en viaje no resultó en más tiempo para leer, escribir, rezar o amar. Las horas nos consumieron más que antes de la aparición de la enfermedad de COVID19.

3. La paradoja del dinero: al no gastar en viáticos o en lo que implica salir a la calle, quizás tenemos un poco más de dinero ahorrado, pero no sabemos en qué gastarlo, en el caso de los que tenemos el privilegio de tener una casa. Los que no, se quedaron afuera del sistema. La casa donde se quedan es la calle, una cárcel sin rejas.

4. La paradoja de la economía: gobiernos nacionales y populares, como el de Argentina, impulsaron el pago del 50% de los sueldos a los y las empleadas para que sus empleadores no los echaran mientras duró la cuarentena estricta. Sin embargo, los empresarios argentinos se asesoraron legalmente para ver qué artículo de las leyes los ampararía para echar a sus empleados considerados "de riesgo". Gobiernos neoliberales como el de Trump o Bolsonaro negaron la trascendencia del virus y priorizaron la economía por encima de la salud de los y las habitantes. Los empresarios de esos países estaban muy conformes con esa postura.

5. La paradoja del "quédate en casa": durante el año 2020 hubo un total de 329 femicidios en Argentina, lo que resulta en un promedio de un femicidio cada 32 horas, según el registro del Observatorio de la organización Mumalá. En un momento en el que "Mejor quédate en casa" es el lema que atraviesa al mundo

para evitar el contagio, para esas víctimas, la casa fue
la tumba.

6. La paradoja de la quietud: a pesar de que estamos
en nuestras casas, nos estresamos más que nunca. Vamos de una reunión por Zoom a otra, sin movernos
de nuestra silla. Terminamos el día con una sensación
de agotamiento mayor a la que teníamos antes del
coronavirus. Cuando repasamos nuestras actividades, vemos que solo nos levantamos para ir al baño,
preparar la comida y hacer una compra ocasional. Sin
embargo, sentimos que corrimos de un lado a otro,
todo el tiempo.

7. La paradoja de la educación: los y las docentes trabajaron a pleno y sin descanso en la virtualización
de la educación. Las familias de los estudiantes les
reclamaron que adelantaran las vacaciones de invierno, que extendieran el ciclo lectivo hasta enero o que
fusionaran el ciclo 2020 con el 2021. Para estas personas, sus hijos no habían ido a la escuela, a pesar de los
esfuerzos monumentales de sus docentes para educar
en la virtualidad.

8. La paradoja de la religión que ofrece cultos o misas
por internet pero no virtualiza los contenidos. ¿Cuáles son las grandes preguntas de las religiones en estos
días? ¿Se hicieron preguntas? ¿O solamente se ocuparon de tener reuniones por Zoom, grabar los encuentros dominicales y difundirlos por las redes sociales?

Los dogmas y rituales piramidales y monolíticos, con

las toneladas de piedras que nos instalaron durante siglos como inamovibles, explotaron en la pandemia. Las celebraciones eucarísticas a las que nos obligaron a creer como imprescindibles y que solo se podrían realizar de manera presencial y en los templos, ahora se hacen online, vía Zoom o grupo de Whatsapp. El o la oficiante no pueden controlar que las personas que lo miran o escuchan están compartiendo esa bebida y ese pan. El sentido de los sacramentos se pone en duda. Durante diecisiete siglos nos hicieron creer en la rigidez del bautismo, oficiado por una figura jerárquica, ordenada especialmente para consagrar esa agua y ese óleo con el que el infante o el adulto entrarían a formar parte de la familia de Dios. ¿Dios se ha quedado sin familia porque no pueden abrirse las iglesias y realizarse bautismos?

La cuarentena trajo aparejada la prohibición de reunirse en los templos. La única opción para participar de los ritos dominicales fue la de encender la computadora, abrir el enlace enviado por la persona a cargo de la organización del encuentro y participar. La mayoría de las religiones tradicionales optó por editar los videos enviados por miembros de sus congregaciones con un modo de copiar y pegar canciones, liturgias y sermones que, más que alentar a seguir participando, estimulaba al bostezo. Parecido a lo que sucede en las misas y cultos dominicales. Los motivos por los que asistimos los domingos a las iglesias también se quebraron. Ya no hay templo, no hay comunidad visible, no sirven los preceptos ni las obligaciones de las religiones de reunirse una vez por semana.

Como contraposición a esta falta de imaginación, surgió una nueva forma de encuentro desde las comunidades de feministas cristianas de América Latina y el Caribe. Se formaron redes sororales de alerta y de contención debido al aumento de la violencia hacia las niñas y las mujeres en tiempos de encierro. Los observatorios internacionales dieron cuenta del aumento de la tasa de femicidios en cuarentena por parte de parejas y exparejas, la disminución de denuncias de mujeres víctimas de violencia debido a las limitaciones para efectuar una denuncia, la violación de las medidas perimetrales a pesar de la cuarentena, el aumento de casos de violencia física y psicológica en el ámbito privado perpetrada por parejas, exparejas y familiares y la obligatoriedad de la confinación de la mujer al ámbito de la casa y a las tareas de cuidado, sumadas a las exigencias del trabajo remoto.

Con esta alerta encendida y con el dolor de las pérdidas que se sucedieron a lo largo del 2020, las feministas cristianas de redes como TEPALI (Teólogas, Pastoras, Activistas, Lideresas) de toda América Latina y el Caribe (ALC), el colectivo Sororidad y Fe, de Argentina, las Católicas por el Derecho a Decidir, de ALC, las luteranas de la Red de Mujeres y Justicia de Género, de ALC, celebraron encuentros donde la palabra circulaba con libertad, sin rigideces. Se pusieron en valor los rituales propios de los círculos de mujeres, se recuperó la invocación a las ancestras, sin temor a pasar por herejes. La ancestralidad conecta con el pasado y fortalece el presente. Se fortaleció el activismo a través de las redes, como la campaña diseñada por la Red de Mujeres y Justicia de Género de ALC durante los 16 días de activismo contra la violencia. Se ofrecieron estudios bíblicos enfocados en el tema de violencia de género, con videos y publicaciones muy motivadoras para despertar el letargo en las iglesias. Desde Con Efe, un espacio de comunicación para y con mujeres de fe que trabajan por sus derechos y por vidas libres de violencia, también se instaló una nueva forma de comunicar noticias, reflexiones, relecturas de textos de feministas y de gestionar cursos para mujeres de las iglesias en contextos de pandemia. La ICM (Iglesia de la Comunidad Metropolitana) inició el servicio "Libres por Amor" con un sistema muy dinámico de audios que se envían a través de un grupo de Whatsapp al que las personas interesadas se unen a través de un enlace. Ese grupo se abre a la hora del culto y, al finalizar la participación de todes, se cierra con alabanzas, oraciones y predicaciones enfocadas en la comunidad LGTBIQ+. Sus reflexiones sorprenden por la interpretación fresca, creativa y progresista.

No hay certezas sobre el fin de la pandemia, a pesar de los avances en el descubrimiento de vacunas y de su distribución gratuita en algunos países del planeta. El mundo, tal como lo conocíamos, ya no existe. La pandemia de la pobreza se extiende tan rápido como el virus. En el ámbito religioso, la paradoja de la pandemia nos arroja al vacío creador. Con los templos cerrados, con las pesadas piedras que nos hicieron cargar durante siglos sobre las formas correctas de reunirse y de ser iglesia ya estalladas, nos queda comenzar desde cero y priorizar los vínculos. Como hacía Jesús.

EL PAPEL DE LAS IGLESIAS Y COMUNIDADES DE FE EN TIEMPOS DE AISLAMIENTO SOCIAL: INSEGURIDAD, SOLEDAD Y FRAGILIDAD DE LA VIDA EN TIEMPOS DE PANDEMIA.

ELAINE NEUENFELDT

Hoy, la vida está muy frágil e incierta. La pandemia del COVID-19 nos ha quitado algunas certezas, muchas seguridades y un poco de las perspectivas de pensar y planificar el futuro. Algunas veces, el miedo y la inseguridad se apropian de nuestros cuerpos. Otras, la soledad causada por el aislamiento físico, y el distanciamiento social consecuente, nos provoca una profunda angustia y cansancio.

Para algunas personas, trabajar desde la casa, cuando esta no es un espacio seguro, es otro gran miedo. Y aunque constituya un ámbito de seguridad, hay agotamiento de espacios físicos; ya es mucho tiempo de confinamientos, semiconfinamientos, distanciamientos físicos y sociales. Las consecuencias se hacen sentir en el ánimo y la capacidad creativa en los trabajos y en la vida personal.

Hay quienes aun sufren con la inseguridad y fragilidad de las relaciones de trabajo, contratos que no son fijos y beneficios inherentes a la clase trabajadora cada vez menos obligatorios. Existe una precarización de las condiciones laborales que no es solo fruto de la pandemia, sino de un modelo neoliberal de mercado, que durante la crisis sanitaria se evidenció y se encrudeció.

Sin embargo, debemos reconocer que estos tiempos no son solo de inseguridad; también se forjan buenas experiencias y se (re)aprenden nuevas formas de vivir y de convivir en sociedad. Algunas personas disfrutan del tiempo que por fin logran pasar en casa y, con esto, suman calidad a la conversación y la convivencia con familiares. Hay experiencias donde el tiempo de reclusión permitió una reorientación de las prioridades y un mayor foco en las actividades de cuidado personal y de superación de estrés, con tiempos para actividades físicas, meditación, yoga, caminatas, etc.

¿Y QUÉ VENDRÁ DESPUÉS? ¿QUÉ FUTURO SOÑAMOS? ¿SOÑAMOS?

Hay muchas preguntas sobre cómo va a ser la vida pospandemia. ¿Cómo vamos a organizarnos después de estos tiempos de restricciones físicas y sociales? ¿Tendremos la plena capacidad de volver a reunirnos en grandes grupos y aglomeraciones, como festivales o manifestaciones en las calles? ¿Cómo van a quedar las reuniones en las comunidades, en las iglesias? ¿Nos reuniremos para tener fiestas, cultos, cantos? ¿Cómo cantar usando mascarillas? ¿Cómo reconocernos y sonreír cuando el tapabocas cubre nuestra expresión y dificulta la comunicación no verbal que evidencia alegrías, miedos, tristezas, etc. (¡Y ni hablar las personas con hipoacusia, que precisan leer los labios!)?

En estos tiempos de aislamiento, distanciamientos y cuidados sanitarios hay una diversidad de códigos culturales nuevos que aún estamos aprendiendo a incorporar en nuestra vida cotidiana. Junto con todos estos dolores y heridas, viene un cansancio que se instaura a nivel psíquico, un sufrimiento que duele por no saber cómo será el porvenir. ¿Cómo se nos pinta la visión de futuro, de porvenir, de nuevos tiempos, de sueños de vida comunitaria y de relaciones compartidas en grupos de amistades en medio de estos tiempos inseguros? En las palabras del escritor mozambiqueño Mia Couto, parece que

Estamos tan entretenidos en sobrevivir, que nos consumimos en el presente inmediato. Para una gran mayoría, el porvenir se tornó un lujo. Hacer planes a largo plazo es una osadía a la que la gran mayoría fue perdiendo el derecho. Fuimos exiliados no de un lugar. Fuimos exiliados de la actualidad. Y, por inherencia, fuimos expulsados del futuro.[1]

---

1 Mia Couto, "Agora é preciso coragem para ter esperança", Revista *Prosa Verso e Arte*. Traducción propia. "Estamos tão entretidos em sobreviver que nos consumimos no presente imediato. Para uma grande maioria, o porvir tornou-se um luxo. Fazer planos a longo prazo é uma ousadia a que a grande maioria foi perdendo direito. Fomos exilados não

EL PAPEL DE LA RELIGIÓN, DE LA IGLESIA Y DE LAS COMUNIDADES DE FE EN ESTOS TIEMPOS

Es en medio de esta inseguridad y cansancio que el rol de las comunidades de fe, de la vida en relación que la comunidad de fe proporciona, asume una función primordial. Las prácticas religiosas, ya sea en comunidades de fe o en la vida personal, tienen una función de protección, de proporcionar seguridad y cohesión social.[2] Una de las funciones de la religión es apaciguar miedos, tanto a las lluvias, a las tempestades, a los fenómenos naturales, como al hambre, a la falta de comida, de techo, de pan. La fe reivindica que la divinidad sea portadora de esperanza –"Dios, ¡que todo salga bien!" son las palabras prácticas de una fe en que las cosas "resulten buenas"–, el deseo de un buen porvenir.

Además de ayudar a superar miedos y promover esperanzas, las religiones también asumen un rol de organización de la vida. "El poder de organizar la vida en función de tiempos significativos para una creencia religiosa es de hecho un inmenso poder, dado que influencia el ritmo de trabajo, de festejos, de reposo, los hábitos alimentarios, las relaciones entre las personas y las creencias en relación con la muerte, los premios o los castigos en la otra vida".[3]

La religión, con sus rituales, prácticas, espacios y tiempos ayuda a moldear el mundo, a construir las concepciones

---

de um lugar. Fomos exilados da atualidade. E por inerência, fomos expulsos do futuro". Disponible en: https://www.revistaprosaversoearte.com/agora-e-preciso-coragem-para--ter-esperanca-mia-couto/?fbclid=IwAR06NdTjtIcrtWH8nO_HoOFcU6Zmdriy0NN-3ZbSfDSUggGKUGA8Pjaq--YU.

2 Ivone Gebara. *Condimentos feministas a la teología* (Montevideo, Doble clic editoras, 2018), p. 200.

3 Gebara, 202.

y referencias y a dar sentidos en la vida. Pero, cuando ya no estamos más en los espacios comunitarios, en la vida que se congrega en grupos de comunidad, ¿cómo sentir estos papeles de apaciguamiento de miedos y de motor en el ordenamiento de la vida, de los tiempos? ¿Cómo ser comunidad de fe, que acompaña y camina acompañando, si los vínculos son virtuales, básicamente a través de espacios de redes sociales? Las iglesias avanzaron rápidamente en introducir el culto al lenguaje y modo virtual. Sin embargo, aun teniendo el culto, falta la relación con la gente de la comunidad, falta escuchar el canto, la voz al hacer la oración, al responder las peticiones; falta el sentarse y levantarse, rituales que marca la liturgia.

Las prácticas y experiencias religiosas que se expresan en la vida de la iglesia y de las comunidades de fe están igualmente en disputa. La religión puede movilizar o paralizar; puede mover para transformar o puede acomodarse, aceptar o resignarse. Las instituciones, las comunidades y las y los líderes religiosos tienen un papel fundamental en estos dos movimientos: son lugares en donde la gente deposita confianza. Las comunidades de fe promueven la cohesión social, son espacios de restauración de vida, de encuentros, de relaciones, donde se nutre lo individual y se ejercita lo comunitario, donde las contradicciones de la sociedad se manifiestan pero donde, a veces, pueden ser superadas en el espíritu de hermandad.

¿QUÉ TEXTOS O HISTORIAS BÍBLICAS AYUDAN A ENFRENTAR ESTOS TIEMPOS DE PANDEMIA?[4]

No es que la Biblia sea un libro de recetas, un manual de primeros auxilios para tiempos de pandemia. El recurso a los textos bíblicos va en la perspectiva del Salmo 119:105: "Lámpara es a mis pies tu palabra y lumbrera a mi camino". La palabra bíblica ayuda a dar luz a los pies, para ver mejor cuáles son los caminos y senderos para andar y para ir enfrentando y superando estos tiempos difíciles actuales. A la luz de los pasajes bíblicos, se van desgranando algunas reflexiones que son inspiración para la caminata, para estos nuevos tiempos y códigos que aún necesitamos aprender. La Biblia acompaña, camina junto con la gente, apoya y ayuda.

Una primera aproximación es preguntarnos sobre tiempos semejantes en la historia bíblica. Y es en el exilio que se encuentra algún paralelo, como un tiempo de transición e inseguridades, sin tierra para afirmar los pies, sin futuro para soñar, donde la confianza en el futuro está amenazada, pues es algo que no se ha experimentado, una situación inédita.

El tiempo del exilio, como intersticio entre dos tiempos, como frontera de varios mundos, permite traer algún aliento para este momento fronterizo que enfrentamos. Aún no nos acostumbramos a la vida en cuarentena, a los límites del aislamiento social. Muchas de nuestras seguridades y certezas fueron destruidas y sacudidas, así como las estructuras del templo y del poder en Jerusalén antes de exilio, en el 586 antes de la era común.

---

4 Gracias a Edmilson Schinelo e Soave Buscemi (CEBI Brasil), Adriana Gastellu (Iglesia Sueca), Paulo Ueti (Comunión Anglicana) y Arlete Prochnow (Diacona de la Iglesia Luterana de Brasil en trabajo misionero en El Salvador) por las ideas y textos bíblicos intercambiados sobre esta pregunta.

Ante este cambio inhóspito e inesperado, Dios aparece como chispa de esperanza de un futuro incierto. En el intervalo, Dios es llama, resplandor de esperanza. Es a partir de esta esperanza que la espiritualidad y la fe contribuyen a construir sentido en la vida cotidiana de la gente, a abrir nuevos horizontes, a dar fuerza interior y a enfrentar los miedos. Como canta el profeta:

No temas, porque yo estoy contigo. No tengas miedo, porque yo soy tu Dios. Te fortaleceré, y también te ayudaré. También te sustentaré con la diestra de mi justicia". (Is 41:10)

No temas, porque yo te he redimido. Te he llamado por tu nombre; tú eres mío [mía]. Cuando pases por las aguas, yo estaré contigo; y cuando pases por los ríos, no te inundarán. Cuando andes por el fuego, no te quemarás ni la llama te abrasará. (Is 43:1-2)

Es la seguridad de decir, con autoridad y cuidado: "No temas, pues Dios da esperanza, da el coraje de enfrentar los miedos y las cargas y da la habilidad de mirar hacia adelante".

Otro soplo que trae la calma y seguridad nace del Salmo 131:

Señor, mi corazón no es vanidoso, ni son altaneros mis ojos;

no busco realizar grandes proezas, ni hazañas que

excedan a mis fuerzas.

Me porto con mesura y en sosiego, como un niño recién amamantado;

¡soy como un niño recién amamantado, que está en brazos de su madre!

Esta inspiración bíblica reconoce la fragilidad, la pequeñez e insignificancia de la vida como un regalo, un soplo de la divinidad. El amor entre una madre y su criatura describe el amor y la misericordia de Dios. Es en esta expresión de solidaridad y comunidad –seres humanos en relación entre sí y con la creación y el Creador y Cuidador– que se experimenta la Divinidad encarnada. Es esta experiencia de Dios la que acoge, calma los miedos y da esperanza. Es la experiencia de comunidad que recibe donde podemos "acunar sueños al alcance de nuestros pasos".[5] Una experiencia de Dios que nos abraza y calma nuestros miedos también nos permite una religión como ética, tal como propone Ivone Gebara:

La religión como ética, que invita a ir al encuentro de los caídos en el camino, tiene que ser reafirmada como obra de arte humana, es decir, algo nuestro y dirigida a nosotros mismos. En este sentido, puede ser una ayuda en la política de compasión y misericordia común, si deja de ser defensa de dogmas y verdades políticas metafísicas más allá de la historia humana. Además, podría ser política de misericordia o de solidaridad, si abandona el afán de ser una mercancía

---

5 Gebara, 208.

en la competencia de los mercados religiosos, en busca de fieles y de influencia social".[6]

Termino con una visión de uno de los profetas veterotestamentarios, en la que se sueñan visiones de otro futuro posible:

> Aún han de sentarse los ancianos y las ancianas en las plazas de Jerusalén, cada uno con un bastón en la mano por el gran número de sus días. Y las calles de la ciudad estarán repletas de niños y niñas jugando en ellas. (Zac 8:4-5)

---

6 Gebara, 208.

SECCIÓN II:
UN POQUITO DE (AUTO)CRÍTICA

Ayer se inundaron las orillas del Sena. El río se tragó uno de los pocos espacios de aire y libertad que la pandemia había dejado intactos. Alguien escribió: "El Sena se desborda, incluso el río se quiere liberar". Ni los barcos navegan porque no pasan debajo de los puentes. La pandemia absorbe territorios. Vivimos en su mundo. El covid-19 funciona como el strip-tease de la realidad. Deja a la vista las cicatrices, el absurdo globalizado de un gobierno mundial sin alma social. Hasta la opulencia está adormecida.[1]

---

1 Eduardo Febbro, "La heroína crujiente", Diario *Página 12*, 5/2/2021, https://www.pagina12.com.ar/321849-la-heroina-crujiente.

ALGUNAS COSAS DEBEN MENGUAR PARA DEJAR CRECER AL CUERPO DE CRISTO

HEIDI NEUMARK

Sirvo como pastora de la Iglesia Luterana de la Trinidad [Trinity Lutheran Church] de Manhattan, en la ciudad de Nueva York, que a mediados de marzo de 2020 se convirtió en el epicentro del COVID19 en los Estados Unidos. Los hospitales se quedaron sin camas y se construyeron centros de atención provisorios. Hubo una escasez fatal de respiradores. Las morgues se quedaron sin espacio para los cuerpos y había colas de camiones frigoríficos. Los cementerios no daban abasto para enterrar lo suficientemente rápido y muchos cuerpos fueron dejados en fosas comunes. Día y noche, las ambulancias chillaban por las calles mientras los helicópteros pasaban sobre nuestras cabezas: trasladaban enfermos/as, llenaban el aire con sirenas de perdición y provocaban angustia. Todas las noches a las 7 p. m., la gente salía o se asomaba por sus ventanas para golpear ollas y sartenes, aplaudir, vitorear o tocar las bocinas de los autos en agradecimiento a les trabajadores esenciales que atendieron a la gente enferma y mantuvieron la ciudad en marcha. Y en momentos en que las personas necesitaban reunirse en busca de consuelo, conexión y comunidad, las iglesias cerraron sus puertas.

Cerramos nuestras puertas físicas para salvar vidas. Como muchas iglesias, pasamos a tener nuestro momento de adoración en línea y, para quienes no tuvieran acceso a internet o computadoras, comenzamos un grupo de oración semanal por teléfono. Al vivir al lado de la iglesia, pude filmarme en el santuario mientras les predicaba a bancos vacíos. Extrañamente, o quizás gracias a los misterios de la gracia de Dios, la ausencia permitía una presencia que salvaba vidas.

Durante trece años, la iglesia a la que sirvo ha llevado adelante el Trinity Place Shelter [el Refugio de Trinidad], que fundamos para jóvenes y adultos jóvenes LGBTQIA+ sin hogar, cuyas familias les rechazaron debido a su orientación sexual o identidad de género, casi siempre por razones religiosas. Por ejemplo, una noche durante la cena, cuando José tenía trece años, le dijo a su madre que era gay y ella comenzó a apuñalarlo con el tenedor mientras gritaba: "¡Esta es una casa cristiana!". José tiene una hilera de cicatrices en su brazo y otra en su costado producto de aquel ataque. Huyó y sobrevivió de una forma u otra, hasta que encontró nuestro refugio. Esta historia se ha repetido de diversas maneras más de seiscientas veces desde que abrimos. Una joven transgénero que creció en una comunidad mormona en Utah volvió al refugio una noche y empezó a tocar el piano. Cuando la halagué por su talento, hizo una pausa, me miró y me dijo: "Este es el único lugar donde me siento humana".

Antes de que la pandemia cerrara nuestra ciudad en marzo, el refugio operaba por las tardes y durante la noche. Durante el día, la juventud iba al colegio, a trabajar, a buscar empleo, a hacer pasantías o a unirse a otros programas diurnos adaptados a sus necesidades. También, durante el día, nuestro pequeño edificio se llenaba con otras actividades. Por necesidad, el refugio ocupaba un espacio compartido bastante ajetreado durante el tiempo en que sus residentes no estaban aquí. Teníamos un programa para ayudar con las tareas escolares a la niñez, clases de inglés como segundo idioma, un grupo de organización laboral, Mujeres en Progreso (un grupo de apoyo para inmigrantes latinas), una despensa de alimentos y una olla popular. Todo esto se sumaba a las actividades de una iglesia tradicional, como clases de confirmación, grupo de jóvenes y estudios bíblicos. Los domingos, el espacio era usado para adorar y, luego de la adoración, para tener un tiempo de compañerismo, compartir alimentos, escuela dominical y diferentes reuniones. Luego, llegó el COVID19. En poco tiempo, todas estas actividades presenciales terminaron, como todo lo que involucraba a les jóvenes de nuestro refugio durante el día.

La trabajadora social que dirigía el Trinity Place y yo estábamos cada vez más preocupadas por la salud e integridad de les jóvenes allí fuera, en la ciudad, sin nada que hacer en todo el día y sin ningún lugar adonde ir mientras la pandemia se desataba furiosamente a su alrededor. Y, siendo esto así, en abril, con la iglesia vacía, decidimos abrir el refugio a tiempo completo, veinticuatro horas al día, siete días a la semana. Este fue un gran paso para nuestra comunidad, ya que nuestro

presupuesto es ajustado y esto requeriría un aumento significativo en nuestros costos de comida y personal; sin embargo,
lo hicimos de todos modos. Nos acercamos y contactamos a
personas que podían dar generosamente.

Eso fue hace diez meses y hemos tenido abierto a
tiempo completo desde ese entonces. Aunque ciertos lugares
en nuestra ciudad han reabierto, muchos otros todavía no. El
estudiantado de secundarias y universidades cursa por internet y la juventud en la escuela también debe hacer su tarea y
asistir a clases virtualmente. Y aquí tenemos internet y computadoras para que usen. Lo que sigue siendo esperanzador
e inspirador es el espíritu y la resiliencia de les jóvenes que
consideran que Trinity Place Shelter es su hogar. Están aprove-
chando el asesoramiento y los cuidados adicionales que provee
el personal. Les residentes crean maravillas en la cocina, saltan
a la soga junto a sus camas, bailan zumba, asisten a la escuela
secundaria de forma remota desde su cama, experimentan con
nuevas técnicas de maquillaje, trabajan en certificados educa-
tivos y vocacionales en línea, hacen ejercicios aeróbicos por
YouTube, juegan videojuegos, ven películas, usan material de
arte y cuadernos de dibujo y, si el tiempo lo permite, realizan
jardinería.

Si bien esperamos recibir las vacunas en los próximos
meses y, con suerte, hacer que la pandemia esté bajo control,
nuestra experiencia tiene un sentido en desarrollo de lo que
puede ser nuestra iglesia y la iglesia en general. Estamos viviendo la realidad de la ausencia que le hace lugar a la presencia. En esta situación, un virus forzó a que la iglesia suelte
muchas cosas, lo que, a cambio, permitió que se abriera un espacio a una población especialmente vulnerable. Es un recor-

datorio de que los edificios eclesiales pueden colmarse tanto con sus propios programas y con sus necesidades conocidas, que acaba por tener poco lugar, o ninguno, para aquelles cuyas necesidades podrían ser aún mayores. Les miembros y líderes de la iglesia, incluyendo al o la clérigo, pueden llegar a estar tan ocupades con sus vidas y con sus agendas establecidas, que las voces y lamentos de otras personas terminan ignorados en la periferia de su atención.

Viene a mi mente Juan 3:30: "Él debe crecer, pero yo debo menguar". Juan el bautista está enseñando a sus discípulos y señalando su rol en relación con Jesús. A la luz de nuestra experiencia durante esta pandemia, diría que esta palabra desafía a las iglesias a hacer menos de algunas cosas para hacer más de otras. Más particularmente, menguar en algunas cosas porque "él debe crecer". "Él" es Jesús, quien dijo "tenía hambre y me dieron de comer. Era un extraño y me dieron la bienvenida". ¿Qué podría significar esto para nuestres líderes y para nosotres mismes? ¿Cuál es el trabajo lleno de ajetreo y cuál es el verdadero trabajo del evangelio? Esta es un área de reflexión.

En la iglesia que sirvo, la mayor parte de lo que hacemos se siente bastante necesario, sin embargo, lo que no necesitamos es regresar a todo como era antes. No necesitamos un regreso a la normalidad, por más deseable que les parezca a algunas personas. Mucho antes de que estallara este virus, estábamos plagades de una cantidad de realidades que amenazaban la vida. E, incluso, si este virus desapareciera mágicamente mañana, aquellas plagas permanecerían. Las personas todavía esperan que las Black Lives [las vidas de las personas afroamericanas] importen tanto como la vida de las personas blancas. Conozco un niño de 7 años en el centro de detención de inmigrantes que tuvo que ser hospitalizado porque dejó de comer de tanto extrañar a su madre. Todavía está esperando poder reunirse con su familia. La juventud en nuestro refugio todavía está esperando poder caminar por la calle sin ser víctimas de acoso o algo peor a causa de su orientación sexual o aspecto. Parte de nuestra "normalidad" es una disparidad en la atención médica, las oportunidades económicas y la vivienda que impacta desproporcionadamente a las personas negras y marrones. Las personas blancas necesitan ver que sus privilegios mengüen de modo que crezca el espacio para las voces y liderazgo de otros/as/es, incluso en la mayoría de nuestras iglesias luteranas.

Este cambio es más urgente que nunca. El último 6 de enero ofreció un momento nacional de Epifanía, un alejamiento de todo fingimiento, y mostró las cosas feas como realmente son. Leí a mucha gente expresar: "¡Esto no es lo que somos! ¡Esto no es 'América'!". Sin embargo, somos quienes somos; está entretejido en nuestra historia desde que las primeras comunidades nativas americanas fueron masacradas porque las vidas de los blancos importaban más. Eso es en lo que se convierte la supremacía blanca normalizada.

Casi cada aspecto de nuestras vidas aquí en la ciudad de Nueva York ha cambiado a raíz del COVID19. No obstante, algunos flagelos sistémicos permanecen firmes en su lugar. Hemos visto cómo la pandemia puede ayudar a cambiar nuestras prioridades de maneras vivificantes y acercarnos más a nuestro llamado a ser Cuerpo de Cristo: "Él debe crecer, pero yo debo menguar".

PANDEMIAS, IDOLATRÍAS Y UN JUBILEO AUSENTE: PREOCUPACIONES DESDE UN PLANETA ESTRESADO

RENATO LINGS

PANDEMIAS

A principios del año 2020, cuando el coronavirus irrumpió en la conciencia mundial, el planeta Tierra atravesaba ya un largo periodo de estrés sin precedentes. Una cadena de crisis medioambientales ha perturbado el equilibrio ecológico y bioquímico de todos los elementos que lo componen.[1] Añádanse otros azotes: sangrientos conflictos bélicos, el crimen organizado, la desprotección de las corrientes migratorias, la lacra de la corrupción, el partidismo político intransigente, la

---

1 Cf. http://www.oecd.org/env/indicators-modelling-outlooks/49844953.pdf

injusticia social excluyente y la violencia machista crónica.

Portador de la Buena Nueva de Dios encarnado, llamado a ser "la sal de la tierra y la luz del mundo" (Mt 5:13-14) y potencial fuente de esperanza y consuelo, ¿cómo actúa el cristianismo frente a fenómenos tan desoladores? ¿Aporta soluciones y propuestas creativas? Indudablemente, existen organismos, grupos e individuos comprometidos que siembran amor y abren caminos de esperanza. Sin embargo, apenas son voces que claman en el desierto ante un sistema económico hegemónico sordo, ciego, voraz, explotador, contaminador, ecocida y asesino.

El desbordamiento del sector sanitario que observamos en España y otros países durante el primer semestre de 2020, y que ha vuelto a plantearse en la segunda mitad del año, ha puesto al descubierto las deficiencias causadas por los recortes presupuestarios de las últimas décadas. Es intolerable el estrés sufrido por el personal sanitario, expuesto diariamente a condiciones laborales extremas. A su vez, el prolongado confinamiento de todos los sectores sociales ha creado nuevos tipos de estrés, ansiedad y desajustes.

IDOLATRÍAS

No se hagan ídolos (Lv 26:1). *Dirán todos: "¿Cómo es que el Eterno ha dejado así esta tierra?". Y les contestarán: "Es por haber roto el pacto del Eterno, el Dios de sus ancestros. Se fueron a servir a dioses extraños"* (Dt 29:23-25).

Bíblicamente hablando, la cultura imperante rinde culto a una serie de ídolos: (a) Mamón, ídolo supremo, (b) el ídolo Crecimiento Económico, (c) el ídolo Energía Fósil, (d) el ídolo Partidos Políticos (sobre el que expondremos a continuación); y (e) el ídolo Militarismo.

En el sistema actual, el ídolo Partidos Políticos se intercala como intermediario supuestamente indispensable entre la ciudadanía y el ejercicio del poder democrático. Con base en diferentes ideologías, la casta gobernante se compone de economistas, abogados y politólogos. Se nutre de la ambición personal y utiliza el partido como trampolín para alcanzar las esferas de influencia. Surge una rivalidad hostil y tóxica entre un partido y otro(s) y al interior de los mismos partidos. Anualmente, transcurren miles de horas en medio de pugnas y conflictos, por no hablar de la desinformación manipuladora, el interés corruptor y la atención neurótica a los sondeos de la opinión pública. El panorama varía a nivel mundial, y hay honradas excepciones, pero el conjunto de los partidos políticos gasta sumas multimillonarias en campañas electorales.

Algunas iglesias cristianas, a la hora de realizar sus propias votaciones, rinden homenaje a este ídolo, agrupándose para tal fin en diferentes bandos políticos o ideológicos.

RESPUESTAS BÍBLICAS

Pongo hoy por testigos contra ustedes al cielo y a la tierra, de que les doy a escoger entre la vida y la muerte, entre la bendición y la maldición. Les exhorto a escoger la vida (Dt 30:19).

Con una insistencia tenaz, la Biblia le advierte al pueblo creyente que la idolatría desemboca en situaciones de destrucción y muerte. Los ejemplos son innumerables (Lv 19:4; Jc 2:11-15; 2 R 21:11; Ez 6:17; Hch 15:20). El carácter masivo de los procesos de destrucción y muerte que hoy presenciamos nos obliga a abrir la boca para declarar sin tapujos que vivimos inmersos e inmersas en una cultura estresada y estresante sometida a la idolatría en estado puro.

En Mt 6:24 y Lc 16:13, Jesús afirma que nadie puede servir a Dios y a Mamón. Él mismo lo demostró con su ejemplo, enseñando a sus discípulas y discípulos el camino de amor, sencillez y vida comunitaria que lleva al reino de Dios. El sentido de la vida cristiana no reside en la acumulación de bienes materiales (Mt 19:23; Lc 6:24) sino en el compromiso activo con el bienestar de los grupos más necesitados (Mt 11:5; 25:40; Lc 4:18-19; Hch 2:45).

Jesús pide a su Padre celestial por la futura unidad entre las personas creyentes: "Que sean uno" (Jn 17:21). Y Pablo, escandalizado ante el partidismo que aqueja a la naciente comunidad cristiana de Corinto, exclama: "¿Está dividido Cristo?" (1 Co 1:10-13; 3:3-4). En la carta a los Romanos 8:6-8, el apóstol denuncia con insistencia los intereses basados en el ego, término que responde a la palabra griega *sarx* (literalmente, "la carne"). No obstante, y ajustándose a la idolatría generalizada que lo rodea, el cristianismo ha escogido dividirse en un sinfín de denominaciones.

Para la toma de decisiones entre creyentes, la misma Biblia propone un procedimiento distinto, que también existió en la antigua Atenas: la elección por sorteo (Hch 1:26). Es un método sencillo que prescinde totalmente de egoísmos, rivalidades, crispaciones, sondeos y gastos exorbitantes en prolongadas campañas electorales.

LA MIOPÍA DEL ELITISMO

Al inicio de la pandemia del coronavirus, la casta gobernante apeló a la ciudadanía, pidiendo la colaboración de "todos". En la práctica, hizo dos cosas: (a) apoyarse en la ciencia médica y (b) ordenar a la inmensa mayoría mantenerse recogida en sus hogares. Faltó un elemento crucial: una invitación a la población para que aportara voluntariamente sus ideas, propuestas y sugerencias. Dado el instinto creativo inherente a todo ser humano (Gn 1:26-28), existe entre la gente una gran cantera de creatividad. Y el elevado nivel educacional alcanzado por muchas naciones es terreno abonado para el pensamiento innovador.

Sin embargo, la casta superior no ha sabido aprovechar el potencial creador del pueblo. Su miopía elitista hizo que se limitara a pedirle pasividad, haciendo que el mensaje "quédate en casa" permaneciera sin una importante segunda parte: "Envíanos tus sugerencias". El resultado de la omisión está a la vista: continúa sin resolución la aguda tensión entre una economía estresada y el imperativo de la protección de la vida física de las personas.

EL JUBILEO DESEABLE

El año cincuenta será para ustedes jubileo; no sembrarán, ni recogerán lo que de sí dé la tierra, ni vendimiarán la viña no podada; porque es el jubileo, que será sagrado para ustedes. Comerán el fruto que de sí den los campos. En este año jubilar volverá cada uno a su posesión (Lv 24:11-13).

¿Qué soluciones aporta la Biblia? El capítulo 24 del Levítico presenta una propuesta concreta al proclamar la celebración del jubileo, año que permitirá que "nadie perjudique a su hermano" (v. 14) ni "defraude a su hermano" (v. 17). Continúa afirmando que "la tierra dará sus frutos, comerán a saciedad y habitarán en ella en seguridad" (v. 19). El objetivo es establecer un año de descanso para la tierra (v. 4) y para toda la gente.

En nuestro tiempo, el estrés universal amenaza a la vida misma. El planeta Tierra necesita como nunca antes un periodo de descanso para restablecerse de sus profundas heridas. Y, como nunca antes, a las personas creyentes nos toca proclamar un año de jubileo para descansar, reflexionar, orar, diseñar nuevos y mejores sistemas económicos y políticos, celebrar la vida y la solidaridad comunitaria, atender a los necesitados y necesitadas, asegurar el tratamiento digno a las y los enfermos y esperar con paciencia la llegada de vacunas seguras y disponibles para cada ciudadana y ciudadano del mundo.

Abran camino al Eterno en el desierto (Is 40:3).

Que fluya el derecho como agua y la justicia como un potente arroyo (Am 5:24).

Porque así dice el Eterno a la casa de Israel: "Búsquenme y vivirán" (Am 5:4).

Daré paz a la tierra (Lv 26:6).

Iré yo mismo contigo y te daré descanso (Ex 33:14).

LIBERTAD Y ESPERANZA

MARCIA BLASI

Cristo nos liberó para que vivamos en libertad. Por lo tanto, manténganse firmes y no se sometan nuevamente al yugo de esclavitud.

Gálatas 5:1

La carta del apóstol Pablo apunta a un tema teológico importantísimo: la libertad. La libertad tiene su origen en la liberación promovida por Cristo. Para poder ser libres, es preciso que las personas crean que pueden ser liberadas por Cristo. ¿Creer en qué? En la promesa de vida digna propuesta y vivida por Jesucristo. ¿Y liberadas de qué? Liberadas de todo lo que produce muerte: injusticia, egoísmo, odio, racismo, violencia, LGBTfobia, machismo. Jesucristo mostró el camino de la justicia y compete a las Iglesias la tarea de predicar, vivir y dar testimonio de este mensaje.

Ya llevamos más de un año viviendo la pandemia del coronavirus. Este tiempo de dificultades debería haber sido una oportunidad óptima de reflexión, de redefiniciones, de recomienzos, de reorientaciones. Pero no es lo que estamos mostrando hacia afuera. En verdad, la pandemia reveló lo que ya sabíamos pero nos costaba admitir: somos una humanidad dividida, desigual, patriarcal, clasista, violenta, meritocrática, racista, predadora de las demás especies y de los ambientes naturales. Exhibimos artículos de oro sin preocuparnos por la destrucción de la naturaleza ni por la contaminación del suelo producidos por su extracción; preferimos las apariencias a lo profundo; consumimos productos derivados del petróleo sin que nos importen las guerras para tener su control; hacemos de la mentira nuestras verdades y viceversa; trabajamos cada vez más para comprar elementos superfluos que en nada mejoran nuestra esencia. Aquella gente que en las redes sociales niega la gravedad de la pandemia es la primera en hacer fila para apoderarse de las pocas vacunas producidas en tiempo récord gracias a los avances de la ciencia.

En la Iglesia se percibe una división igualmente grande. Hay iglesias que viven el Evangelio, que apoyan, que consuelan, que inventan maneras creativas de estar cerca de sus miembros, aun a la distancia. Están también aquellas que se apoyan en los poderes políticos, niegan la gravedad de la pandemia y siguen predicando odio, racismo, misoginia, xenofobia y LGBTfobia, teniendo como principal razón de ser el enriquecimiento de sus líderes.

Brasil fue uno de los países duramente atacados por la COVID-19, con cerca de 220 mil muertes y 9 millones de personas infectadas hasta fines de enero de 2021. Hay opinión unánime de que un gobierno federal más sensible y proactivo podría haber resultado en menos sufrimiento para muchas familias. La IECLB (Iglesia Evangélica de Confesión Luterana en el Brasil), así como otras iglesias históricas, han procurado hacer un aporte positivo. Desde marzo de 2020, decidió cancelar todas las actividades presenciales en sus 1800 comunidades, orientó sobre el cumplimiento de todas las medidas sanitarias y propuso a sus miembros el distanciamiento y el aislamiento social, siempre que fuera posible.

La pandemia de COVID-19 fue y continúa siendo una situación sanitaria grave. Ya no hay más países o lugares que no fueran afectados. Son muchas las dificultades, los problemas y los sufrimientos que ha causado. Lo más grave, obviamente, es la muerte de muchas personas y el sufrimiento que esta causa, así como las secuelas que le quedan a quien sobrevive a la enfermedad. Hay consecuencias económicas que sacuden a la sociedad, y la realidad del hambre exhibe la vulnerabilidad social. También están los problemas psicosociales y los traumas que serán resultado de las faltas de certezas, dudas, miedo y sufrimientos que atacan a todas las personas, desde las más ancianas hasta las más jóvenes. Pero entre nosotros y nosotras también hay experiencias de violencia silenciadas e invisibilizadas que suceden dentro de casa, contra niñas y niños, mujeres y personas ancianas.

La violencia dentro de casa no fue causada por la pandemia, sino que es parte de sociedades y culturas que valoran a los varones por encima de cualquier otra criatura. En el contexto judeocristiano, ciertas interpretaciones bíblicas han sido utilizadas para legitimar las violencias de género, especialmente cuando predican la sumisión y la obediencia de las mujeres o cuando exigen de las mujeres el cuidado constante de las otras personas, colocándose a sí mismas en último lugar e impidiendo así que desarrollen mecanismos de autocuidado y defensa. Recientemente, oí la expresión "fatiga de compasión". Ese es un tema que aún requiere reflexión por parte de las iglesias.

Durante la pandemia, las violencias domésticas se intensificaron por las medidas de aislamiento social. "Quedarse en casa", tan importante para la prevención del coronavirus, aumentó significativamente las experiencias de prisión y de esclavitud de mujeres, menores y personas ancianas. Si antes de la pandemia había un tiempo diario de calma, de vivir sin miedo, cuando se estaba fuera de casa o a solas en el hogar, en el trabajo, la escuela o la calle, con el aislamiento social eso se terminó. Las imágenes románticas de gente transformando sus viviendas, cantando en las ventanas, creando arte, jugando con niñas y niños no son la realidad de muchas casas: hay mujeres sobrecargadas, golpeadas, abusadas psicológica, física y sexualmente; hay varones frustrados que no aprendieron a lidiar con sus sentimientos; hay jóvenes sin perspectiva de futuro; hay criaturas confundidas sin una rutina escolar; hay olas gigantescas de fake news vomitadas en las redes sociales.

Comprendiendo la urgencia de enfrentar las diversas formas de violencia dentro de casa, algunas Iglesias asumieron públicamente y con intencionalidad el compromiso con la justicia de género, titulando de pecado la violencia contra las mujeres. Si fue para la libertad que Cristo nos liberó, no es posible callar ante las esclavitudes, sojuzgamientos y violencias a los que son sometidas las mujeres. Experimentar la justicia de género en el día a día es experimentar la gracia de Dios, es vivir la libertad. Eso requiere de una sociedad transformada. La justicia de género es una bendición para mujeres, varones y personas no binarias.

Como forma de acción, la IECLB, en asociación con el Programa de Género y Religión –PGR– de las Facultades EST, creó la campaña "Por un Hogar sin Violencias",[1] con el objetivo de quebrar el silencio sobre el tema, denunciar las diversas formas de violencia y ofrecer espacios seguros de apoyo y auxilio. Sínodos, grupos y organizaciones se comprometieron con la campaña. En el Sínodo Noroeste Riograndense, uno de los dieciocho de la IECLB, líderes y lideresas, ministros y ministras participaron del curso de formación sobre violencia contra las mujeres organizado a través del trabajo conjunto Sínodo/PGR/FLD. Aprendieron y debatieron sobre las causas de la violencia, sobre las fundamentaciones bíblicas equivocadas que justifican las desigualdades y sobre las respuestas a partir de una fe comprometida con la justicia y con la vida digna para todas las personas.

Experiencias como estas muestran que la pandemia también ofreció oportunidades de aprendizajes. La gente aprendió que hay muchas formas de estar presente y cerca: mensajes escritos, de audio, de video, fotos.[2]. Aprendió que la creatividad es un medio de transformación y que tiene más coraje del que se imaginaba. Somos personas movidas por la esperanza de que son posibles formas justas de relacionamiento mutuo. Cada persona puede participar con sus dones, sea en la costura, en las cestas comunitarias, en los artículos publica-

---

1 Disponible en: https://www.luteranos.com.br/conteudo/campanha-por-um-lar-sem--violencias.

2 Ver, por ejemplo, la página del P. Ilmar Kieckhoehel, https://www.facebook.com/ilmar.kieckhoefel.7.

dos, en las campañas, en las ventanas de sus casas y en las redes sociales, en ofrecer un espacio seguro para descansar.

La Iglesia cristiana está llamada a ser un espacio donde vivenciar la libertad para la que Cristo no libertó. Liberadas y libres, las personas se hacen corresponsables de la construcción de un mundo justo, equilibrado y saludable. La libertad y la responsabilidad andan juntas, actuando en la concreción de la misión de Dios en el mundo.

¿Cómo será el futuro? ¿Volveremos a lo "normal"? Espero que no. Lo normal era un sistema patriarcal, machista, opresor, explotador, violento. La esperanza es que, de alguna manera, por la gracia de Dios, osemos vivir como personas transformadas y libres. Que más que respuestas rápidas, tengamos preguntas. Muchas preguntas. Y que busquemos respuestas en conjunto. Que haya tiempo para descansar, celebrar, convivir, vivir, ser.

SECCIÓN III:

LA BIBLIA SIGUE SIENDO RECURSO

Para las personas creyentes las resonancias traen a la memoria y al corazón, también a las acciones, evocaciones de las fuentes de nuestra fe. La experiencia va por delante y, desde ella, esas evocaciones cobran sentido a la vez que se vuelven pequeñas o grandes luces para la propia vida y para la vida de quienes nos rodean.[1]

---

1 Mercedes Navarro Puerto, "Experiencias de la pandemia: evocaciones bíblicas", http://www.desveladas.org/b/pido/2020/05/05/experiencias-de-la-pandemia-evocaciones-biblicas/.

MIENTRAS TANTO...

PABLO MANUEL FERRER

Cuando se me invitó a colaborar en este libro estuve pensando cuál de todas las experiencias vividas en la pandemia podría ayudar en la reflexión de nuestra misión y vida cristianas.

Me propongo compartir algunos sentires sucedidos en diferentes marcos pedagógicos. Los podría unir a partir de un marco teológico que compartiré al comienzo.

Espero, entonces, que estas líneas sean de ayuda para seguir construyendo un mundo un poco mejor.

Y LA PALABRA SE HIZO CARNE...

Tengo que reconocer que uno de los hechos que más me ha costado en esta pandemia tiene que ver con la falta de cuerpos en las relaciones establecidas en este período. Y me ha costado en varios sentidos. Es cierto que en esto somos varios, varias…

Primero, porque cuando en su momento comencé a estudiar y actuar en obras de teatro, había entendido y sentido que el cuerpo es parte del mensaje que comunicamos. Es, creo, el mismo mensaje, muchas veces. Y esto, en la pandemia, se veía reducido a niveles drásticos. Lo que resultó una situación sumamente difícil, puesto que, como profesor de Biblia, muchas veces también involucraba el cuerpo para el intercambio de conocimientos con alumnos, alumnas, en contextos formales de aprendizaje, como así también en contextos informales.

Esta vivencia de corporalidad sucede en medio de nuestra cultura, que ha dado una relevancia prácticamente nula a la corporalidad como medio de comunicación y de aprendizaje. La vista es el sentido principal y jerarquizado por sobre todos los demás. Indudablemente, tal jerarquización no es natural, sino que es parte de un proceso histórico, político y económico que tiene que ver con una cultura positivista, cientificista. Aprendemos que lo que no se ve no existe, lo que nuestros ojos no pueden comprobar, es de dudosa realidad.

Y la pandemia llegó a todo el mundo; no hay nada nuevo en esto, claro, pero para nosotros y nosotras, que somos una cultura *visualadicta* (permítanme inventar este término), la pandemia sobrevaloró las relaciones visuales (virtuales).

Me gustaría recuperar una idea teológica del Evangelio de Juan. Es la idea de la encarnación. Desde esa idea de una palabra que se hace carne o de los momentos en que se puede apreciar contacto corporal en este evangelio (y, sin dudas, también en otros), nos llega a la memoria que Dios no actuó tan solo como sonido o como visión. Dios se hizo un cuerpo encarnado en la vida cotidiana. Ese cuerpo que se encontraba con otros cuerpos, que enseñaba, curaba, reía, lloraba en cuanto Dios *acuerpado* (permítanme también inventar este término).

Y aquí estamos. La pandemia ha alejado, por motivos sanitarios indudables y perfectamente comprensibles, los cuerpos. Y esto tal vez no ha sido tan difícil en una sociedad en donde lo virtual estaba empezando a ganar mucho espacio como forma de relacionamiento. Lo virtual como un desencarnamiento, como un olvido de los cuerpos. Relaciones virtuales, redes sociales, sexo virtual, encuentros virtuales, etc., ya habían comenzado a crecer en formas impresionantes antes de la pandemia. Las falsas noticias crecieron también en esta sociedad visualadicta: ya no necesitamos ver algo fuera de la pantalla para creerlo. Con verlo allí, ya creemos que existe. La pandemia llevó al extremo este tipo de maneras de relacionarse.

Quiero volver a remarcarlo: toda esta realidad sucede en una cultura donde lo visual como forma de relacionamiento es jerárquicamente prioritaria a otras. Y a raíz del necesario aislamiento y distanciamiento, la corporalidad se ha visto aún más denigrada. De hecho, algunas de las consignas sanitarias nos recuerdan directamente que el cuidado y la solidaridad tienen que ver con el alejamiento, con el aislamiento o distanciamiento.

Todo esto, sin dudas, es sanitariamente necesario. Nadie lo discute. El problema sucede cuando se empiezan a escuchar voces en algunos ámbitos pedagógicos, por ejemplo, que dicen que la educación virtual "llegó para quedarse". Creo que ahí radica el gran problema.[1]

---

1 Cf. nota del periódico argentino *Página 12*: https://www.pagina12.com.ar/315727-que-es-el-cuerpo-para-cada-quien

Como cultura visualadicta tal vez nos sintamos más cómodos, más cómodas, al no participar de un evento pedagógico presencial como era la costumbre. Después de todo, posiblemente piensen algunos, ¿quién pone en duda que los conocimientos se adquieren perfectamente a través de la lectura o el intercambio de opiniones de manera virtual? ¿Quién necesita el cuerpo?

Y sumo otra de las frases que circula y se usa mucho: "nueva normalidad". Esta frase, o su construcción y uso, nos llevan a pensar qué se está proponiendo. ¿Cuál es el ideal de relaciones, de encuentros, de acto pedagógico que está detrás de la mencionada nueva normalidad?

¿MIENTRAS TANTO O NUEVA NORMALIDAD?

Allá por el mes de julio de este año(2020), estábamos en plena pandemia. A esta altura del año, se hacía un encuentro de líderes jóvenes en Uruguay. Ellos y ellas se encontraron dos o tres días para capacitarse y luego coordinar y ser educadores en campamentos de niños y adolescentes de diferentes iglesias. ¿Mi tarea ahí? Acompañar, capacitar.

Claro que surgió *la pregunta*. ¿Qué hacemos este año? No podíamos encontrarnos de forma presencial. Hacerlo a distancia, por Zoom, era raro.

Creo que, de alguna forma, en este encuentro se resumía lo que iba a ser una reflexión en otras instancias similares. La gran pregunta era si reunirse o no. La respuesta en la mayoría de los casos era *sí*. Virtualmente, pero sí. Había algo que sostener. Eso que se sostenía era lo imprescindible. Algo similar ocurrió a lo largo de todo el año con la cooperativa de teatro a la que pertenezco: reconocer que hay algo que sostener.

Pero también se sostuvo la idea del mientras tanto. Esto que vivíamos se parecía mucho a la comunión de los presos.[2] En este relato, se realiza una comunión con pan y vino imaginarios. Era un "mientras tanto", era mantener viva una certeza, una esperanza. Era mantener viva una comunidad ahora separada. Pero nunca en estos casos consideramos que lo que estábamos viviendo era la nueva normalidad. La falta de nuestras corporalidades en los jóvenes líderes y lideresas era una ausencia que no se llenaba, que no se suplía con la comunicación virtual.

Esto se parece mucho a la idea de Hebreos 11:1 cuando se define a la fe:

La fe es la constancia de las cosas que se esperan, la comprobación de los hechos que no se ven.

LA FE ERA RESISTIR MIENTRAS TANTO

En este sentido, creo que la pandemia ha ayudado a estos grupos a sostener ese algo que no es otra cosa que la memoria del encuentro. Memoria que se transforma en esperanza de volver a acuerparnos. Ni siquiera creo que sea posible afirmar, por lo menos en estos casos, que se haya sostenido *lo fundamental*. En este caso, estaríamos diciendo que *lo fundamental* se puede sostener sin encuentro. No, no era un sostén de lo esencial o lo fundamental de los encuentros. En cambio de eso, se sostenía la memoria. Se sostenía la esperanza de volver a abrazar.

---

2 Relatada en https://www.youtube.com/watch?v=w8CheKKWtg4

Creo que esta forma de transitar la pandemia es un tanto diferente a la propuesta de una nueva normalidad o bien de afirmar que la enseñanza virtual llegó para quedarse.

Claro que no estoy diciendo que hay ámbitos en los que es muy interesante mantener este formato. Pero creo que en cuanto seguidores y seguidoras de la encarnación, nos debemos la certeza, la esperanza de acuerparnos una vez más.

La nueva normalidad, entonces, no debería ser una nueva forma de relacionamiento social distanciado. Tampoco es una forma de enseñanza combinada o no presencial. En todo caso, la nueva normalidad que tendríamos que buscar es la posibilidad de todos y todas de tener alimentos sanos, agua, un medio ambiente sano, salud pública. Esto es lo que debería pregonarse como nueva normalidad (pero, bueno…).

De mi parte, una vez más, el trabajo, el encuentro con jóvenes me ha mantenido en un saludable estado de resistencia que me permita recordar que estamos en un "mientras tanto".[3] Que no llegamos acá porque sí, por una especie de accidente, sino que ha habido una historia de la humanidad en los últimos tiempos en los que se ha destruido el medio ambiente, los sistemas de salud, y que, de no cambiar, la nueva normalidad puede ser otra peor que la que tenemos.

Creo que la encarnación como acto de fe, como acto de esperanza, es el paradigma que nos puede ayudar a transitar el mientras tanto. Que la comunión acuerpada pueda ser esa

---

3 Mientras escribo esto, en mi país se está ya produciendo la segunda ola de contagios. Estamos en vacaciones de verano y la gente salió a descansar, a tomar un tiempo de vacaciones. Pero en los medios se señala a los jóvenes, haciéndolos culpables de esta nueva ola de contagios. Nuevamente, este grupo etario es condenado y estigmatizado en periódicos y programas progresistas como así también conservadores. Al respecto, se puede leer: https://diarioz.com.ar/2021/01/06/los-jovenes-responsables-de-la-segunda-ola-o-chivos-expiatorios-de-un-descuido-general/

memoria donde nos conocemos plenamente, donde la Palabra se hace carne.

LOS ENCUENTROS BÍBLICOS DURANTE LA PANDEMIA

ÁLVARO MICHELIN SALOMON

LA PANDEMIA COMO EXILIO

La presente realidad de la pandemia ha obligado a las iglesias a rediseñar su vida y misión. El confinamiento ha provocado que innumerables personas tuvieran que reconfigurar su actividad laboral, el compartir en familia, el cuidado de sus hijos/as; y ha acarreado otros fenómenos, como los trastornos del sueño. Para las iglesias ha significado convertirse en *comunidades virtuales* que, aun así, puedan experimentar la *realidad del Espíritu de Dios* siempre presente y actuante. Pero debemos reconocer que, tanto en los ámbitos seculares como en los eclesiales, la pandemia es percibida y experimentada como un *exilio*, es decir, como una durísima realidad de la cual dan testimonio importantes textos del Antiguo Testamento.

El exilio de Egipto de los descendientes de los patriarcas (que inició, según el Génesis, con la historia de José en Egipto), después de los israelitas (población del norte) en Asiria, y, posteriormente, de los judíos (población del sur) en Babilonia y Egipto, nos remiten a experiencias familiares y sociales que fueron pruebas duras para la supervivencia y para el mantemiento de la fe en Yavé, el Dios liberador de la opresión y sostén de la esperanza para su pueblo. Incluso la permanencia de Israel bajo la hegemonía del Imperio romano en el tiempo de Jesús fue asumida por los sectores más nacionalistas como vivir el exilio en la propia tierra.

Para nosotros y nosotras, el confinamiento obligatorio fue algo así, un exilio en la propia casa. Y debemos decir que en los barrios más postergados y humildes, donde las viviendas son pequeñas, frágiles y muy encimadas con las casas vecinas, el encierro absoluto se volvió insoportable y hasta imposible de cumplir.

EL ZOOM Y WHATSAPP

Entonces, llegó Zoom, aplicación que hubo que implementar en la vida de las iglesias, así como potenciar el WhatsApp como forma cotidiana de comunicación. Las iglesias ajustaron sus agendas a la inmovilidad física y a las herramientas informáticas. Hubo que convertir el *exilio* en una nueva posibilidad de encuentro, utilizando estos *"santuarios" virtuales*.

LO PERSONAL Y LO COMUNITARIO

Hubo quien se deprimió por no poder ver a sus seres queridos durante meses; hubo quienes se enfermaron –por coronavirus pero también por el drástico cambio de vida experimentado. Innumerables personas quedaron sin trabajo y miles pudieron llevar sus trabajos a la casa. Las familias con niños, niñas y adolescentes debieron reprogramar sus horarios, actividades y atención a sus hijos e hijas.

En lo que a mí concierne, con respecto a las expresiones de miembros de iglesias y simpatizantes que fui recibiendo en estos encuentros virtuales, la Iglesia siguió existiendo mediante las pantallas, los audios, los correos electrónicos, Facebook, etc. El cristianismo tomó decididamente una modalidad virtual.

ORAR MEDIANTE UNA PANTALLA O AUDIOS DE WHATSAPP

Hasta hace un año, me tocó utilizar durante media hora o cuarenta y cinco minutos, un día al mes, una radio FM en la localidad de Jacinto Arauz, La Pampa, como medio de comunicación de mensajes cristianos, mientras permanecía allí durante una semana por la atención pastoral a la membresía valdense de la zona.

Sin embargo, en el 2020, durante la pandemia, tuve que incursionar no solo en la predicación sino también en la *oración* por Zoom y WhatsApp. Al principio, me resultaba algo extraño porque, obviamente, no estaba acostumbrado. Pero si podemos anunciar el evangelio por pantalla, ¿por qué no orar a través de la pantalla? Si podemos realizar un estudio bíblico por WhatsApp, ¿por qué no orar también por este medio? En la oración, por supuesto, nos dirigimos a Dios; no obstante, en la oración *comunitaria o pública* tenemos, precisamente, un "público" que nos acompaña y ora con nuestra oración. Si la plegaria es "informática", el público informático se torna comunidad virtual... pero comunidad al fin. Entonces, nos preguntamos: ¿habrá algún aspecto de la vida y la misión de la Iglesia que esté "prohibido" o imposibilitado con el uso de la informática?

REINCORPORAR LA BIBLIA... POR SI LA HABÍAMOS PERDIDO

Quienes hemos crecido con el *soporte de la letra impresa* estamos navegando entre ese soporte cultural y el informático. Amamos los libros impresos, pero también debimos adoptar el *soporte virtual*. Convivimos así entre la *tradición* y la *revolución informática*. Y la Biblia es transmitida y publicada de ambas formas. El asunto con respecto a la *difusión y recepción del mensaje bíblico* es si las iglesias se siguen enamorando de la lectura y explicación de la Biblia, sea en el soporte que fuere.

Para muchas personas la respuesta será obvia y la pregunta quedará sobrando. Pero para otras podría ser que la pregunta les deje pensando "¿Tiene la Iglesia hoy en día el fervor de la comunicación del evangelio? En medio de tantos mensajes, orientaciones filosóficas, espiritualidades y religiones diversas, ¿da todavía el cristianismo una *orientación bíblica clara*? Y si lo hace, ¿cómo utiliza la Biblia? ¿Con cuáles presupuestos? ¿De manera dogmática cerrada, convirtiéndose así en un instrumento de adoctrinamiento para que el individuo no piense por sí mismo? ¿O comunica la Palabra liberadora de Dios que anuncia a Jesucristo como el criterio máximo de liberación, de comunión, de justicia, de solidaridad, de perdón y de empoderamiento para las personas sin-poder?".

SANTA CENA VIRTUAL

Que cada participante del culto asista a la comunión de la Santa Cena desde la casa es una experiencia novedosa. Por un lado, parece algo demasiado individual; pero, por el otro, participamos *en comunidad* de esta manera de celebración por la cual nos miramos y nos sentimos cerca. Vamos experimentando que el Espíritu Santo actúa tanto en mi casa como en la casa de mis prójimos/as; y, de esta manera, actúa en la inter-comunión a la distancia, mediada por la tecnología.

Por eso es bueno discernir que no hay una contraposición entre, por un lado, las ciencias y la tecnología, y, por el otro, el cristianismo cotidiano. Cada ámbito tiene, por supuesto, sus cometidos específicos, sus principios, métodos y acciones, pero ambas realidades y experiencias humanas diferentes pueden confluir en una realidad compartida que nos permite, como cristianos/as e iglesias, afirmar tanto nuestro estar-en-el-mundo (en la realidad cotidiana) como nuestro estar-en-Cristo mediante la comunión de su Espíritu.

¿ES POSIBLE HOY UN MENSAJE PROFÉTICO?

Cada época cuenta con sus ciencias y tecnología. Y la Biblia siempre tiene un *plus* para descubrir cuando se la lee con apertura mental, espiritual y social. Entonces, si hay Palabra de Dios, habrá un mensaje profético para discernir no solo como una crítica constructiva hacia la sociedad sino, en primer lugar, hacia la misma Iglesia y el testimonio que brinda o ha dejado de dar. La profecía es al mismo tiempo *discernimiento personal y social, crítica a la luz de la voluntad de justicia de Dios y un llamado a la conversión.* Se supone que en la vida cristiana debemos estar convirtiéndonos una y otra vez.

¿ES POSIBLE HOY UN MENSAJE DE ESPERANZA?

La pandemia parece habernos cerrado los horizontes. Sin embargo, si esto le ocurre a la Iglesia es porque nos permitimos *bajar la persiana* sin perseverar en la valentía de la resistencia. Si dejamos de tener esperanza en Dios, es un problema *nuestro*, no de la pandemia en sí. Si consideramos que la misión de la Iglesia se achicó, es porque *nosotros/as mismos/as* la empequeñecemos. Si nos parece que ya no hay más *comunión de los/as santos/as,* es porque mental y espiritualmente nos hemos alejado de la fortaleza del Espíritu de Dios. Si pensamos, con más dudas que certidumbre, que la Iglesia ya no tiene el futuro que nos habíamos imaginado, es precisamente porque *nuestra imaginación* no se corresponde con la imaginación y la creatividad de Dios. Si nos desanimamos porque sentimos que los buenos tiempos pasaron y nos invade la nostalgia, es porque el *exilio* nos tragó y no podemos levantar la cabeza; pero la Iglesia cristiana del siglo I no quedó recluida a Jerusalén ni al ámbito judío, sino que se internacionalizó e incorporó a personas provenientes de diversas culturas, tradiciones, costumbres e historias.

LA IGLESIA EN TIEMPOS DE CRISIS SANITARIA.

LAS COMUNIDADES DE LA LITERATURA JUANINA COMO ALTERNATIVAS ECLESIOLÓGICAS EN EL SIGLO XXI

MOISÉS PÉREZ ESPINO

LA IGLESIA EN CRISIS

La pandemia por el COVID19 ha cambiado todas nuestras preconcepciones con respecto a muchas situaciones, tanto personales como sociales. Una de ellas es la asistencia dominical al templo a reunirnos con mujeres y hombres de fe. Un año sin reunirnos como congregación. Aunque los encuentros han sido posibles a través de la virtualidad, no es lo mismo, porque falta la interacción social, el saludo, el abrazo, el beso; dicho en otras palabras, el contacto físico.

¿Qué pasará con la Iglesia como la concebimos? ¿Qué rumbo tomarán las congregaciones? ¿Qué será de los edificios? ¿La Iglesia está en una crisis? ¿Desaparecerá? Como cristianos y cristianas nos hacemos estas y más preguntas, y no tenemos respuestas claras y fijas, ya que el COVID19 no termina de irse.

En mayo de 2003, estuve en la reunión de la Revista de Interpretación Bíblica Latinoamericana (RIBLA), en Barranquilla, Colombia. Allí, platiqué con Milton Schwantes, brasileño luterano docente en la Universidad Metodista de Sao Paulo, quien dijo algo a lo que yo no di crédito. Al responder a la pregunta de otro compañero sobre el futuro de la Iglesia, expresó: "En el siglo XXI, la Iglesia volverá a ser como al principio, regresará a las casas, se reunirán pequeños grupos de vecinos que compartan la fe en el evangelio de Jesús". Mi sorpresa me llevó a preguntarle sobre la Institución, los templos y las organizaciones, a lo que contestó: "No existirán más".

Sus palabras me impactaron y, desde marzo de 2020, han estado presente en mi memoria cada vez con más intensidad.

LAS COMUNIDADES JUANINAS VIVIERON SITUACIONES EXTREMAS

Las comunidades que nos presentan los llamados "escritos juaninos" (el evangelio y las cartas) vivieron en situaciones extremas, aunque diferentes a las nuestras, y pueden ser una alternativa para nuestra eclesiología en tiempos de Covid 19.

Como sucede con otros escritos neotestamentarios,

el origen de las comunidades cristianas fue judío. Los escritos juánicos nos indican que se fueron sumando otros grupos. De las aclaraciones que hace Juan el Bautista en Jn 1:6 y 1:20, donde sostiene que no es el mesías, se puede deducir que más seguidores y seguidoras se sumaron al grupo del bautista del Jordán.[1] A este grupo de seguidoras y seguidores de Jesús, en el capítulo 4 se agregan samaritanos que tenían en gran estima y veneraban a Moisés.[2] Llama la atención que se ponga a una mujer a sostener un diálogo con Jesús y que sea ella quien después va a predicar a los de su pueblo, les habla del Mesías y se los presenta. La cristología de este grupo es evidente en el capítulo 1:17:

... porque la ley fue dada por medio de Moisés, pero el amor y la verdad se han hecho realidad por medio de Jesucristo.

A lo largo del escrito, el grupo va creciendo en número y diversidad. La intención de los escritos juánicos de poner a "los judíos" como los enemigos de Jesús y sus seguidores y seguidoras muestra lo tardío de los escritos y la animadversión que los grupos cristianos sintieron de parte de ellos.[3] Es decir que el grupo que se está gestando se siente ajeno a los judíos y engloba a todo el pueblo como enemigo de Jesús, aunque en realidad quienes se enemistaron fueron las autoridades judías. El evangelio narra sobre la presencia de *gentiles*, personas no judías (por ejemplo, Jn 12:20-21). Esto se evidencia en la expli-

---

1 Brawn, Raymond, *La comunidad del discípulo amado* (Salamanca: Sígueme, 1991). p.32.

2 *Ibíd.,* p. 39.

3 *Ibíd.,* p. 41.

cación que hace de términos que solo los judíos entenderían, como "rabí" o "mesías".

Por otro lado, la presencia de las mujeres es muy importante en estas comunidades: la samaritana, la madre de Jesús, la Magadalena y las hermanas Marta y María son más que personajes; son portadoras del mensaje y predicadoras. Como podemos ver, la llamada "comunidad juanina" es muy diversa en cuanto a sus miembros, judías/os convertidas/os, samaritanas/os admiradores de Moisés, seguidoras/es de Juan el bautista, gentiles, mujeres y gente rechazada, como enfermos y pobres.

PASAJES COMUNITARIOS DE LOS ESCRITOS JUANINOS

La palabra *eklesia*, los convocados a una asamblea, no está presente en los escritos, aunque sí su significado, ya que a lo largo del evangelio se invita a muchas y muchos a seguir a Jesús. Parece que al autor no le interesa usar la palabra "iglesia". En su lugar, utiliza otras imágenes. En el evangelio tenemos dos pasajes que lo ejemplifican: Jesús como pastor del rebaño (capítulo 10) y la vid y los pámpanos (capítulo 15). Por otro lado, en las cartas se usa la idea de comunidad (1 Jn 5:12, 2 Jn 2:1). A diferencia de los evangelios sinópticos, en el cuarto evangelio Jesús habla de sí mismo a través de la frase *Yo soy*,[4] seguida de un predicado. Veamos tres pasajes que pueden perfilar el prototipo de comunidades alternativas, desde la idea del *Yo soy* presente en el evangelio, al concepto de *comunidad* de las cartas.

---

4 Haciendo alusión al nombre de Dios en Éxodo 3:14.

Yo soy la puerta: el que por mí entre, se salvará. Será
como una oveja que entra y sale y encuentra pastos.
(Juan 10:9)

En este caso, Jesús dice: "Yo soy la puerta". Hay una
entrada a la comunidad y es Él mismo. Hace alusión a la imagen del Antiguo Testamento: pastoroveja como sinónimo de
la relación Diospueblo. Sin embargo, a diferencia del vasallaje
que existe en la alianza de Dios con Israel, donde Dios tiene
un pueblo que le sirve mediante sacrificios y una vida sujeta a
mandamientos, aquí hay una invitación de confianza que no
espera nada de las ovejas: las ovejas tienen la posibilidad de
entrar y salir y volver a entrar, son salvas y gozan de libertad.
No es una puerta que se cierra: siempre está abierta.

Yo soy la vid, y ustedes son las ramas. El que permanece
unido a mí, y yo unido a él, da mucho fruto; pues sin mí
no pueden ustedes hacer nada. (Juan 15:5)

En el último *Yo soy* del cuarto evangelio, se hace referencia a otra imagen del Antiguo Testamento: en el pueblo
judío, los frutos son el cumplimiento de la Ley; pero, en este
pasaje, habiendo visto la relación de confianza que se establece
entre Jesús y sus seguidores y seguidoras, la propuesta no tiene
que ver con cumplir la Ley como algo meritorio, sino que, al
estar en unión con Él, como el Dios que acompaña y que no
exige, sino que ayuda, se puede dar fruto.

En cambio, si uno obedece su palabra, en él se ha per-
feccionado verdaderamente el amor de Dios, y de ese
modo sabemos que estamos unidos a él. El que dice
que está unido a Dios, debe vivir como vivió Jesucristo.
(1 Juan 2:5-6)

El mensaje de las cartas juaninas retoma el vocabu-
lario y el estilo del evangelio, pero aporta una novedad. En el
pasaje citado, habla de la unión con Dios a través de Jesucristo;
habla del amor como la muestra de esa unión. Es decir que el
autor de la primera carta solicita a los seguidores y seguidoras
de Jesús que vivan el amor tal como lo hizo su Maestro.

La palabra griega que se traduce *amor* es *agape,* que
significa *amor de entrega, de solidaridad, de ayuda y de pensar*
en el otro.[5]

La practica del amor como Jesús lo vivió es la característica de las comunidades juaninas. Si no se ama así, no se
forma parte de ellas. En la literatura juanina encontramos más
pasajes comunitarios y más situaciones que se pueden explorar. También se puede estudiar como una comunidad sectaria,
lo cual no es necesariamente negativo si lo que la distingue del
"resto" es el amor.

EN CONCLUSIÓN

¿El siglo XXI ve el final de la Iglesia como la concebía-
mos? ¿El COVID19 terminará con la Iglesia? Las respuestas a
estas preguntas son difíciles si pensamos en que la pandemia

---

5 Coenen Lothar et all. "Diccionario Teológico del Nuevo Testamento" Tomo I. Ed. Sígueme. Salamanca 1990. p. 113.

aún no termina y si vemos la variedad de cultos virtuales que hay actualmente. Sin embargo, los textos elegidos nos hablan de un componente fundamental de las comunidades cristianas, allende de la presencialidad o virtualidad. Los escritos de la teología juanina nos dan luz para realizar nuevas propuestas eclesiológicas. Debemos crear comunidades cristianas libres, con la puerta abierta, que dependan única y exclusivamente de Jesús y que su práctica del amor en comunidad sea muestra de su existir. Centralizar el cristianismo en el culto no es una buena alternativa; el coronavirus nos mostró que esto es muy frágil y que el cristianismo tiene cosas más valiosas que ofrecer que un culto dominical. La vida comunitaria en pequeños grupos inclusivos, solidarios, de servicio, sin liderazgos patriarcales, con puertas abiertas, como lo proponen los escritos juaninos, puede ser el futuro eclesiológico del cristianismo, como sostuvo Schwantes en el 2003.

SECCIÓN IV:

NUESTRAS PROPIAS EXPERIENCIAS NOS MUESTRAN LAS NUEVAS ECLESIOLOGÍAS: DE LAS REDES SOCIALES AL CANTO COMUNITARIO

El segundo día del mes de la historia Afroamericana [febrero, Black history month en los EEUU] conocí a una mujer trans negra, una artista del tatuaje y una desertora del seminario. Mientras por fin tenía mi tatuaje de la *Sola Fide*, ella habló proféticamente de su experiencia en la iglesia quebrada y de cómo nada de todo el daño que le hicieron cambió su relación con Dios. El domingo pasado prediqué sobre la gracia de Dios demostrada mediante la disposición de la gente a reconciliarse con quienes pueden haberles hecho daño. Nunca me pasará desapercibido cuánto está hecha carne dicha gracia en nuestr*s herman*s *Queer*.[1]

---

1 Rev. Nicolette Faison Peñaranda (ELCA), facebook personal.

UN CAMBIO DE PARADIGMA EN LA FORMA DE SER IGLESIA

WILMA E. ROMMEL

En la última década, de manera particular se ha escrito y reflexionado mucho sobre el concepto de *nuevo paradigma*. Este concepto se usa tanto para lo teológico como para lo filosófico, lo sociológico y lo pedagógico. Podemos agregar, asimismo, para lo *eclesiológico*. Una definición rápida de *paradigma* indica que es un sistema de interpretación y funcionamiento de los principios y las leyes que rigen, por ejemplo, en las ciencias, a los efectos de que estas se comporten sobre la base de criterios adoptados y sostenidos por la comunidad científica. Así, un paradigma es un modelo de análisis, investigación y acción que tiende a perpetuarse en el tiempo.

En la aplicación del concepto de *paradigma* a la Iglesia, a su vez, entiendo que se trata de un modelo de interpretación y/o de praxis que permite analizar, desde la teología, una forma de ser Iglesia en su vida y misión. Un *cambio de paradigma en la Iglesia* es, entonces, una transformación que anticipa el futuro en vista de los cambios que se van produciendo en la sociedad, de la cual la Iglesia es parte.

En el marco de la Iglesia Evangélica Luterana Unida, durante por lo menos dos décadas, también venimos reflexionando y repreguntándonos sobre un *nuevo modelo de ser Iglesia*.

Desde lo educativo y pedagógico, a nivel nacional se habla, en los diferentes estamentos, sobre un cambio del modelo educativo, en el cual la propuesta pedagógica a partir de la virtualidad, que parecía una utopía de reflexión adelantada, se venía debatiendo siempre con la mirada puesta en el porvenir.

Desde la vivencia comunitaria, cuando escuchábamos de nuestros hermanos y hermanas de los países escandinavos que algunas de sus celebraciones cúlticas las recibían en sus casas mediante la virtualidad, nuestro primer pensamiento era "a nosotros y nosotras no nos puede pasar esto, pues se pierde el sentido de comunidad".

Ahora bien, ¿será que el 2020 vino para hacernos comprender qué es verdaderamente un *cambio de paradigma*? Otra pregunta que surge es: ¿todas las personas estaban preparadas para enfrentar un cambio de vida tan radical en lo que se refiere a comunicación, socialización, espiritualidad, consumo y reconfiguración de un orden doméstico, donde confluyen vidas privadas, trabajos, esparcimiento y nuevos aprendizajes?

Soy una de las personas a las que la comunicación virtual les ha resultado compleja. Mi vocación y ocupación pastoral en el último tiempo me lleva a interactuar en la cotidianidad en una comunidad muy amplia y diversa. Se trata del ámbito de la obra educativa y de una congregación histórica de la IELU.

La irrupción del COVID19 durante la primera semana del confinamiento nos paralizó. La pregunta era: ¿de qué manera se puede seguir acompañando desde la virtualidad sin vernos ni abrazarnos, para escucharnos, celebrar, acompañar y consolar? En primera instancia, la forma más rápida de interactuar fue a través de videollamadas grupales de WhatsApp... y ese tiempo fue desgarrador.[1] En primer lugar, para la comunidad adulta mayor: muchos de ellos y ellas no pudieron encontrarse con sus familias ni con la comunidad presencial, que era su espacio de socialización. ¿Cómo ocuparían el tiempo que antes tenían disponible para cuidar de sus nietos y nietas? Sus vidas transcurrían en medio del cuidado familiar; pero en este nuevo tiempo debieron reconfigurar sus dedicaciones personales y familiares y ocupar las horas del día de una nueva manera totalmente imprevista. Esto significó un tiempo de duelo para sanar y recomenzar la vida. Debieron aceptar lo que nos viene desde afuera como una amenaza real para la vida. Sanar implica servirse de las nuevas formas de socializar con el mundo externo. Para que esto se diera, había que amigarse primeramente con la lectura y la escritura, y desde ahí con la informática. Dos de las experiencias que más me impactaron fueron, por un lado, que algunas personas adquirieron biblias a través de la compra por internet, con la guía de sus hijos o hijas; por el otro lado, que retomaron el hábito de leer de corrido, antes en su casa como una práctica personal, y después en público durante los encuentros virtuales.

En segundo lugar, el confinamiento afectó la

---

1 Después se sumaron Zoom, Meet y el Aula Virtual, entre otros.

obra educativa. ¿Cómo articular la educación formal y el acompañamiento pastoral desde la virtualidad? Para ello, debimos participar y aprender juntos y juntas de las clases virtuales, las reuniones docentes y programáticas, del acompañamiento al personal administrativo y de maestranza, y de los y las familiares del estudiantado.

Marisa Strizzi, en su curso "Creer en tiempos post-modernos", nos dice que *de-construcción* es algo que sucede dentro de cualquier estructura y que siempre tiene consecuencias. Las personas somos finitas, y así como heredamos la tradición, la vamos dando en heredad. Sin embargo, vamos modificando esta herencia. Por un lado, pareciera un acto de traición, pero, por el otro, debemos tener la conciencia de que nada se puede mantener tal cual. Siempre existe una rendija por donde se permea lo diferente. Y eso nos conduce a nuevas hermenéuticas.

Siguiendo con lo que aprendemos de las ponencias de Marisa Strizzi, podríamos decir que la deconstrucción es un movimiento transformador que se cuela entre las estructuras, instituciones y modelos preestablecidos de pensar, de sentir y de valorar la historia y el presente.

Así, estamos asumiendo un *nuevo modelo eclesiológico*. Por lo tanto, podemos hablar de una *nueva manera de ser Iglesia*. La pandemia nos trajo una nueva relacionalidad a través del uso de la informática; pero, asimismo, nos confrontó con nuestra fragilidad o finitud humana. Esta configuración humana nos muestra que algo externo puede modificar nuestro entorno emocional, mental y social. Podemos ser un vehículo transmisor del contagio o alguien que se cuida y cuida a los demás. Aquí nos estamos confrontando con uno de los mandamientos principales expresados por Jesús: amar al prójimo como a sí mismo.

Siendo conscientes de la finitud de nuestra vida, la espiritualidad en este nuevo tiempo adquiere una nueva dimensión. Y en esta nueva espiritualidad, cuyo soporte tecnológico es la informática, hay personas que participan porque sienten que allí hay un espacio del cual formar parte. De esta manera, la virtualidad *convoca* y *socializa*. La comunidad cristiana se va reconfigurando hacia un modo donde la institucionalidad de la Iglesia no es lo visiblemente central, porque la relevancia viene dada por lo celebrativo y el encuentro social generado.[2]

En este nuevo modelo de Iglesia –por cierto, no buscado ni imaginado– se produce una *democratización mayor* de la vida comunitaria. Se desdibujan los roles característicos de la congregación: desde el abrir la puerta del templo hasta pasar la ofrenda. Ante la pantalla, en cambio, cada participante ocupa un "lugar" similar, donde la apropiación del espacio físico eclesial no existe, así como tampoco el trasfondo desde el cual provenimos. El *espacio virtual* es donde podemos compartir una misma búsqueda de Dios y de comunidad y orar por las necesidades y los dolores reales de cada uno y de cada una.

La gracia de Dios no está atada a las estructuras que nos fuimos imponiendo como instituciones religiosas para el ordenamiento y la justificación de nuestra tradicional forma de ser Iglesia. La gracia nos lleva a descubrir el evangelio desde lo que atraviesa nuestra existencia cada día. En Jesucristo no hay cruz sin gracia; no hay encierro sin liberación; no hay

---

2 La Iglesia Luterana convoca, pero quien participa no tiene que explicar de dónde proviene, si es que pertenecía a algún otro espacio religioso.

individuo sin comunidad ni muerte sin resurrección ni pasado sin futuro.

Para Lutero, a Dios se lo debe entender desde la teología de la cruz. Dios, por amor a nosotros y nosotras, nos muestra lo bueno, lo cual está condensado en Cristo y, fundamentalmente, en su donación por gracia en la cruz. Lutero mismo fue un deconstructor que propuso una nueva (y, según él, más bíblica) comprensión de la relación entre Dios y la humanidad, cuya única mediación es Jesucristo. El Dios de gracia se revela en lo paradójico de la cruz (el "Dios escondido"). La humanidad como tal aspira siempre a la *gloria* (hoy diríamos "fama, poder, dinero y reconocimiento social"), pero Cristo nos ofrece la cruz (reconocimiento de nuestro pecado, acercamiento al prójimo en necesidad, y discipulado, experimentando así la liberación del poder del pecado).

Este nuevo modelo nos aporta salud y cuidado como comunidad. Quien *asiste* a la Iglesia en este paradigma no tiene por delante el compromiso de *institucionalizarse* a la manera presencial. Tampoco lo busca, porque no lo siente, pero sí experimenta *cercanía* y *pertenencia* en el espacio celebrativo. Así, pues, para mí, el *testimonio cristiano* toma el desafío de estar atenta y disponible para estas nuevas formas de encuentro. Las personas que *buscan* un espacio de reflexión y oración en libertad y confianza, encuentran allí una comprensión de la Biblia que es liberadora, personalizada, comunitaria y de inserción en las problemáticas sociales desde la teología de la cruz y de la gracia.

RESONANCIAS DE IGLESIA VIVIDA JUNTO A "TEÓLOGAS EN DIÁLOGO"

VIRGINIA R. AZCUY

Al recibir la invitación para escribir en este libro, inmediatamente pensé en la reciente iniciativa autodenominada "Teólogas en diálogo" (TD), que nació entre teólogas argentinas, en el contexto de la pandemia y el confinamiento social, a partir de una idea de Marcela Lapalma, seguida por Carolina Bacher Martínez, Eloísa Ortiz, Marcela Pérez y Andrea Sánchez Ruiz. Ellas crearon un grupo de Facebook y lo inauguraron el 19 de mayo del 2020 con esta presentación: "Este espacio surgió por deseo y necesidad. Somos algunas teólogas argentinas que quisimos intercambiar nuestras miradas a partir de la situación que vivimos en todo el mundo, la pandemia del Covid 19-20. Son tiempos para no bajar los brazos, saber aprovechar en la tormenta aquellos vientos favorables para seguir andando. El Espíritu de Dios nos acompaña. Desde esta realidad, todas nosotras sabemos que la teología es más rica si se piensa juntas, por eso ofrecemos aquí intercambios de miradas y opiniones. En cada encuentro semanal, nos acompañarán otros compañeros y compañeras para seguir pensando esta teología del presente".[1]

Según las protagonistas, la forma concreta del nuevo espacio se configura de modo tal que en las redes sociales *se vean teólogas en diálogo*: mujeres que hacen teologías e invitan a otras y otros a exponer y charlar, que quieren *escuchar otras campanas, miradas, posturas* y aprender *un nuevo formato de comunicación teológica*. Para este objetivo, las implicadas se han propuesto producir encuentros dominicales semanales o más espaciados con teólogas de diversos contextos, disciplinas y experiencias que, una vez editados, son subidos a su canal de Youtube,[2] los comparten en Facebook y los circulan en las redes. Con notas como la apertura, la horizontalidad, la libertad, la participación y un dejarse provocar por los aportes surgidos en cada encuentro, se va construyendo un novedoso estilo teológico compartido. Se trata de *dar voz a las teólogas mujeres que no están muy visibilizadas en las redes* y también, algunas veces, se incorpora a varones, lo que vuelve más inclusiva la conversación. Allí también se hace evidente el reto *entre lo local y lo global,* por ejemplo, al percibir cómo un fenómeno global o un tema recurrente se experimenta e interpreta de modo diferente desde diversos contextos. Una de las protagonistas sostiene que cada encuentro le permitió *llegar a cada domingo al mediodía con una conciencia más amplia de*

1 https://www.facebook.com/groups/teologasendialogo
2 https://www.youtube.com/channel/UCvEglDgcaAPkkc4reEQuFpg/videos

la síntesis fe, teología y vida, mientras otra expresa su *gratitud a quienes aceptaron participar e hicieron hacer oír su voz.*

Algunas vivencias de las actoras a partir del camino comenzado merecen ser destacadas: una de ellas explica que aceptó participar, a pesar del exceso de trabajo generado en su labor docente durante la pandemia, porque entendió que se trataba de una *exigencia del presente, ligada a los signos de los tiempos.* Otra de las teólogas comparte que entrar en las redes la entusiasmó, porque percibió que *la teología puede salirse de la academia, moverse en territorios no tan explorados y contactarse con un público inesperado.* La interacción con el público, para otra de las participantes, se genera en los *ecos o impresiones expresadas por Facebook o Youtube y también por Whatsapp*; además, incluso surgen nuevas conexiones o invitaciones para otras actividades, que son siempre buenas oportunidades. Otro sentir personal manifiesta el valor de la instancia para el *aprendizaje de una nueva forma de comunicación teológica* en entornos distintos a los habituales para el quehacer teológico. También menciona *la presencia de colectivos en las redes como uno de los frutos de este tiempo.* Por ejemplo, la Red TEPALI Latinoamérica y otros espacios coordinados por varones –Marcos Salas, de Colombia, y Gerardo Ramos, de Argentina–, que han dado lugar a mujeres teólogas y que constituyen distintas formas de *acompañar la historia.*

En lo que sigue, me propongo destacar algunos aportes y proyecciones que surgen a partir del caso de TD, teniendo en cuenta que es una experiencia inicial, que mi lectura se realiza desde una perspectiva particular y que, por lo tanto, no agota en modo alguno su riqueza. Ante todo, quisiera referirme a la irrupción de nuevas formas de ciberteología y a la cuestión del cristianismo en tiempos de red, que no es en sí una novedad, pero ha cobrado fundamental importancia en el contexto del COVID-19. La pandemia ha impulsado distintas actividades e interacciones en el espacio virtual, a través de diversas plataformas que rápidamente surgieron y comenzaron a disputarse la atención de usuarias y usuarios. Para las iglesias cristianas, en general atrasadas en la adopción de las nuevas tecnologías de la comunicación social, se abrió una ocasión inédita para compartir y comunicar experiencias, encontrarse, celebrar la fe y pensar la realidad. Uno de los aportes de TD es haber percibido este signo del tiempo y haberlo asumido, confiando en *la acción del Espíritu de Dios en la comunidad,* que fecunda la historia con sus angustias y esperanzas. La comunicación teológica en las redes no puede seguir el formato académico habitual, sino que se exigen nuevos lenguajes y sobre todo la disposición para *buscar y aprender su propio modo,* adaptado a lo fugaz e imprevisible, flexible y multiplicador de las redes sociales.

TD, en razón de las personas que integran el grupo y las compañeras teólogas individuales y/o colectivos que convoca, junto a otros compañeros de camino, hace un segundo aporte de relevancia y es que visibiliza rostros y voces pertenecientes a una mitad del género humano. Lo hace positivamente, en el contexto actual, en el cual la presencia de las mujeres en los medios de comunicación en la casi absoluta mayoría de los casos se manifiesta a través de roles secundarios. Desde el punto de vista de las iglesias –y me refiero sobre todo a las comunidades católicas–, también resulta promisorio que un grupo de teólogas se anime a tomar la palabra, a gestar espacios públicos de encuentro y a discernir las señales de un tiempo tremendamente desafiante, por cuanto los ministerios de anuncio ejercidos por mujeres necesitan ser ampliados y en muchos casos también reconocidos y oficializados (como acaba de ocurrir recientemente con los ministerios del lectorado y el acolitado en la Iglesia católica). El caso seleccionado, TD evidencia la función indispensable de *la experiencia de las mujeres* para dar razón de la fe que nos habita y atraviesa, para comprender *fenómenos comunes y transversales* como la violencia y/o los feminicidios en las casas y para seguir caminando hacia *una teología encarnada, comprometida con el latir del mundo.*

Un último aspecto de proyección que invita a profundizar la reflexión se vincula con la Iglesia vivida que emerge en la experiencia de TD y otras semejantes. Las teologías hechas por mujeres, sobre todo las que se entienden como parte del movimiento global del feminismo o de una búsqueda de sororidad universal, han desarrollado y cultivan una fuerte capacidad de funcionamiento en red que, en muchos casos, expresa un sentido y una espiritualidad comunitaria indiscutible. Expresiones como *la sororidad se teje juntas, en el respeto cariñoso, cantando la misma melodía con tonos diferentes* y *la escucha atenta es clave para dejarse seducir y seguir tejiendo* ayudan a percibir que no se trata simplemente de pensar la crisis del COVID-19. En esta iniciativa, como en tantas otras de este tiempo, parece resurgir la búsqueda de comunidad, la necesidad de creer y esperar junto a otras y otros: *lo importante es querer crecer juntas, apoyarse unas con otras y dejarse llevar por la Ruaj que nos impulsa a dar vida, a madurar en este camino de sororidad teológica.* El liderazgo de las mujeres cristianas en las iglesias sigue buscando florecer, en este caso, el carisma y ministerio propio de las teólogas que se sienten llamadas a crear un estilo comunitario de vivir, pensar y comunicar el evangelio. El lugar teológico de las mujeres en las iglesias, como parte de un signo de estos tiempos, sigue señalizando caminos de renovación por la fuerza de la Sabiduría creadora. Su aporte se suma al proceso que busca mayor sinodalidad eclesial.

MINISTERIO DE NIÑEZ Y FAMILIAS EN TIEMPOS DE COVID-19

CARMEN KINGSLEY

Soy ministra de Niñez en St. Luke's Lutheran Church of Logan Square, en Chicago. St. Luke's está integrada por muchas familias jóvenes y personas solteras, en su mayoría de clase media. Su misión es ser una iglesia poderosa, transformar vidas y cambiar el mundo. Como iglesia, nos hemos comprometido a luchar por la justicia social y la inclusión de todas las personas, tanto en la sociedad como hacia dentro de la iglesia. Mi intención como ministra de Niñez es provocar conversaciones y reflexiones entre les jóvenes sobre los valores de nuestra iglesia. Normalmente, mi trabajo consiste en hacer predicaciones para les niñes, enseñar en la escuela dominical y organizar eventos para la comunidad.

Hoy por hoy, me pregunto cómo podemos realizar nuestra misión dentro del contexto de una pandemia. ¿Cómo puedo llevar la misión de St. Luke's hacia el mundo en este momento? ¿Cómo entendemos nuestra comunidad dentro de una pandemia?

La llegada del Covid-19 nos desafió, como iglesia, a adaptarnos a una realidad completamente nueva y cambiante. En un primer momento, aprovechamos internet para juntarnos en salas de Zoom y a través de videos en Facebook. Al principio, la novedad de las reuniones virtuales y la posibilidad de vernos nos motivaron a seguir en contacto por ese medio. Me juntaba con les niñes los domingos a la mañana durante media hora de escuela dominical, justo antes del culto.[1]

Nuestra costumbre para Pascua siempre fue hacer una vigilia muy elaborada, con una especie de peregrinaje de afuera del templo hacia adentro y de la fuente de bautismo hacia la sala de culto, en donde escuchábamos las historias de la Biblia relatadas de maneras muy creativas (y muchas veces divertidas) por miembros de la iglesia. Este año, quisimos seguir con la tradición de una vigilia especial, pero había que cambiar de formato. Entonces, pedí a varias personas y familias que grabaran videos creativos en los que relataran episodios de la Biblia. Una gran cantidad participó de la propuesta, que salió muy bien a pesar de que nunca hubiésemos imaginado hacer una vigilia filmada y publicada en Facebook. Sin embargo, jugamos con un nuevo formato y disfrutamos de la experiencia.

Además de ser ministra de Niñez, soy artista y maestra de circo. Mi formación de payasa y mi preocupación por la

---

1 Se puede ver uno de nuestros videos en la página de Facebook de St. Luke's: https://www.facebook.com/stlukesLS.

resiliencia de mi comunidad me animaron a proponer la formación del Ministerio de Gozo en St. Luke's. Durante algunos meses nos reunimos por Zoom para explorar nuestra creatividad y animarnos a llevar nuestro gozo a otres. Para mí, ser payasa es una manera de llevar adelante un ministerio, porque el gozo (tanto como el juego) se practica. Como payasa, tengo que aprender a jugar dentro de cualquier situación. El gozo llega cuando puedo expresar lo que siento y jugar con lo que la vida me lleva. Una noche, una de las integrantes del Ministerio de Gozo me mandó un mensaje para contarme que aprendió a bailar a solas como medio de expresión, y que bailar sola la alentaba en momentos difíciles.

Sin embargo, pronto las familias de St. Luke's se cansaron de trabajar, ir a la escuela y ver a les amigues, además de participar en actividades de la iglesia, a través de internet. Deseaban aprovechar el fin de semana para pasar tiempo al aire libre. Por lo tanto, ya no asistían a la escuela dominical. A fines de mayo (en la época cuando normalmente hacemos una pausa para las vacaciones de verano), con la pastora decidimos abandonar la escuela dominical por Zoom. A estas alturas, solo asistían tres o cuatro niñes, por lo que había que cambiar de estrategia en el ministerio.

Resulta que, en los primeros meses de la pandemia, nuestra congregación observó cuidadosamente las reglas que en un principio había impuesto la alcaldesa de la Ciudad de Chicago. La gran mayoría podían trabajar desde casa y no sufrieron grandes pérdidas económicas. No obstante, se sentían aislados y aisladas. Entonces, opté por volcar el enfoque del ministerio a los encuentros al aire libre con jóvenes y familias.

En agosto y septiembre (verano estadounidense), organicé una serie de encuentros en varios parques en donde las personas de St. Luke's podían mantener distancia social, disfrutar de la creación de Dios y compartir un momento de atención a nuestra espiritualidad. Además de recibir buenas reacciones de parte de les participantes, me sentí más conectada a la iglesia.

Con relación a los encuentros, en varios ámbitos me he topado con la pregunta "¿qué hacés para cuidarte a vos misma en tiempos difíciles?". En este sentido, me parece que deberíamos reflexionar sobre lo que estamos haciendo para nuestra comunidad. A veces, mi conexión con mi comunidad es una forma de cuidarme a mí misma. Durante la pandemia he tomado la costumbre de hacer pan todas las semanas. Del pan que horneo, guardo un poco y lo demás se lo regalo a amigues, vecines, personas de la congregación, etc. Esta práctica me hace salir de mi casa y ponerme en contacto con otras y otros. Así, conozco mejor a mis vecines y me siento más vinculada con mi comunidad. De esta manera, mi "comunidad" se extiende más allá de St. Luke's; es una comunidad mayor y a la vez más cercana físicamente a mí: la de mi vecindario. ¿Es también "ministerio" este compartir? Es algo que me pregunto.

Ya el frío no nos permite pasar mucho tiempo fuera, así que mi ministerio debe conformarse a nuevas circunstancias. Muchas de las personas de St. Luke's sienten que mantener la organización de sus casas y su trabajo les desborda. Les quedan pocas ganas de cumplir con las tareas eclesiales. ¿Cómo puedo, entonces, acompañar a estas familias de manera que encuentren gozo y vida en su involucramiento con la iglesia?

Me cuesta llegar a muchas conclusiones, ya que seguimos sin poder reunirnos como congregación. Llevamos once meses sin asistir a un culto en persona y todavía me estoy adaptando a esta nueva realidad. Con el agregado del frío y la nieve, pareciera que la pandemia es un nuevo obstáculo a sortear. ¿Cuáles son los recursos que tengo a mano para innovar en mi ministerio y alentar a las familias de St. Luke's? Hoy me abrigué y fui a la casa de una familia de la iglesia para hacer una bendición sobre sus vidas y sobre la casa (desde el jardín). Ya sabemos que para la Cuaresma vamos a enviar paquetes con actividades para las personas de la congregación. Y todo parece indicar que para la Pascua va a ser necesario inventar algo nuevo.

Como iglesia, ¿cómo jugamos dentro de esta realidad en la que vivimos ahora? ¿Cómo creamos espacios para expresarnos? ¿Cómo nos acompañamos? ¿Cómo nos animamos para cumplir con nuestra misión? De mi parte, sigo tomando clases de payasa y practicando acrobacias para entrenar mi agilidad y capacidad de jugar y ver el mundo desde perspectivas diversas. Sigo horneando pan y haciendo visitas (con distancia social y barbijo). La iglesia sigue proclamando un mensaje de justicia social e inclusión de todes. Esperamos que el Espíritu Santo nos guíe mientras sigamos adelante.

EL ENCUENTRO NOS TRANSFORMA: COVID, VIOLENCIAS Y TESTIMONIOS DE SERVICIO

MARÍA ELENA PARRAS Y MIRIAN SAAVEDRA

> Hoy en nuestro mundo continúan existiendo situaciones que requieren "darlo todo por amor"… Amor que se propaga, que ilumina y protege al desvalido.
>
> Clara María Temporelli[1]

La localidad de Oberá, Misiones, al noroeste de la Argentina, es desde hace varios años el lugar de encuentro del *testimonio*

---

1 Clara María Temporelli. *Amigas de Dios, profetas del pueblo. Cuadernos.* Barcelona: Cristianisme i Justicia, 2016. p. 28.

de diaconía, de la Iglesia Evangélica Luterana Unida y del *testimonio de misión*, *de* las hermanas de Nuestra Señora del Calvario, de la Iglesia Católica, entre las mujeres más humildes. A esta comunión la llamamos *El encuentro nos transforma*. Transforma a las ministras, hermanas y mujeres de fe que se van uniendo en respuesta a tanto amor recibido de nuestro Señor, a través del testimonio de servir a otras mujeres que están en situación de vulnerabilidad, en especial a las que han vivido situaciones de opresión por la violencia de género. La común-unión con otras restaura a estas mujeres, niñas y adolescentes sobrevivientes de la violencia, recuperando lo que se encontraba adormecido por el ejercicio de la fuerza, y posibilitándoles ser sujetos de derechos que deciden en su contexto sobre posibles caminos y soluciones.

El encuentro nos transforma tiene varios años de trayectoria. Desde el principio acompañamos a mujeres en situación de violencia y realizamos talleres de empoderamiento en territorio, en comedores o centros vecinales de distintos barrios de la ciudad, siempre tratando de partir de las experiencias de las protagonistas, de las mujeres de los barrios, de sus deseos, esperanzas, y procurando que sean ellas las que tomen la palabra.

Con el reconocimiento del trabajo, comenzaron a llegar demandas sobre situaciones sumamente crueles, como es la atención de niñas, niños y adolescentes en situaciones de abuso y/o delitos contra su integridad sexual. Ante la responsabilidad que implicaba el asunto, decidimos capacitarnos y, además, convocar a instituciones y personas de la región interesadas en estas problemáticas a formarse en talleres de dos años, dirigidos por una experta en el tema.

Sumado a esto, conformamos una red de abordaje para incidir más eficazmente en la región.

A medida que pasa el tiempo, el equipo se fortalece al incorporar más profesionales, voluntarios y voluntarias que deciden dedicar su espiritualidad diaconal –o recuperar su ética como guardianas o cuidadoras de la vida– a estas mujeres, niñas y adolescentes en situaciones de violencia.

Como equipo, abrazamos el concepto de cuidado de Leonardo Boff, quien sostiene que es en el cuidado donde encuentra el *ethos* fundamental del humano. La razón de ser de cada una y de cada uno es cuidar nuestra casa común, el gran jardín, el autocuidado amoroso hacia nosotras mismas y el cuidado hacia las demás personas, todas iguales a mí ante Dios, con sus grietas, con sus dolores y sus celebraciones.

Como es necesario que este cuidado se realice en contexto, nos servimos de instrumentos técnicos para analizar el territorio e intervenir en esta realidad concreta, teniendo en cuenta las leyes vigentes: cuidamos con amor a las destinatarias y reclamamos a cada una de las instancias del Estado que deben intervenir las diferentes situaciones. Y es que el cuidado amoroso también se materializa al poner el cuerpo y al asistirlas a la hora de denunciar en la policía o en el juzgado. Además, nos cuidamos a nosotras mismas, identificando cómo nos afectan las historias y heridas de las personas de todas las edades que buscan ayuda. Es decir, actuamos desde un enfoque integral, acompañando y acompasando los pasos que cada una de las protagonistas se anima a dar, sin descuidar el propio ser.

Cuando la pandemia irrumpió en nuestra comunidad y en nuestro servicio, muchas de las formas en las que normalmente trabajábamos se vieron sacudidas e incluso desarmadas. Así como les pasó a las escuelas y a los cultos presenciales, nosotras también sentimos esa falta de piso, de zona segura que por años construimos.

Muchas de las integrantes del equipo se vieron afectadas y desbordadas ante el peso de los roles de cuidado que la sociedad asigna como naturales y exclusivos de las mujeres. La educación virtual de hijas e hijos y la asistencia a familiares adultos mayores sobrecargaron nuestros cuerpos, mentes y espíritus.

En medio de tal situación, fueron vitales la red de compañeras, la relación cercana y la sororidad. Confiar en las demás integrantes como aliadas nos ayudó a nutrirnos y cuidarnos entre nosotras. Ese sentido de unidad nos sostuvo frente a los cimbronazos que el COVID-19 provocó en las vidas y economía de la casa central de las hermanas de Nuestra Señora del Calvario, en Santa Fe; y motivó a otras amigas del mundo calvariano a realizar donaciones, que hicimos llegar a distintas familias de Oberá.

Por otro lado, muchas de las familias a las que asistimos son parte de los sectores más empobrecidos y permanecían dentro del sistema estatal gracias a la asistencia a la escuela, los centros de salud y los comedores. A partir de las medidas de aislamiento obligatorio y el consecuente cese de actividades, una gran parte de estas personas se sumó a engrosar las estadísticas de pobreza estructural y quedó prácticamente fuera del sistema. Sin acceso a teléfonos o computadoras, quedaron imposibilitadas de inscribirse a programas de ayuda económica y de asistir a clases virtuales. La violencia económica se agudizó. Además, en este contexto, también vimos cómo se manifestaron las inequidades de poder dentro de las familias a través del aumento de casos de violencia de género.

Con organización y solidaridad, intentamos dar respuesta a estas problemáticas emergentes. Por un lado, desde fines de marzo del 2020, comenzamos a recibir donaciones de parte de familiares, amigos y amigas, familias calvarianas, otras iglesias luteranas y el Estado Nacional. A la vez, continuamos asistiendo a quienes ya estaban dentro de nuestro programa y a las personas que por ese momento atravesaban situaciones de mayor precariedad. Por otro lado, habilitamos un número de atención y adecuamos a la nueva realidad el trabajo en territorio y las asesorías. Asistimos a las acompañantes territoriales de Oberá y a la psicóloga del equipo, quien, a partir de junio, comenzó a atender de manera presencial a las personas que llegaban a través de una red de amigas y amigos que se ocupaban de trasladarlas entre ciudades.

En todo este tiempo descubrimos que la verdadera esencia, lo que nos daba sentido, no eran las formas, sino estar presentes unas para otras. Y fuimos recuperándonos, entrelazándonos nuevamente, resignificando la diaconía y la común-unión. Así fue que continuamos acompañando a niñas, adolescentes y mujeres en situación de vulneración de derechos. Y lo hicimos reimaginándonos, de la manera más significativa posible, respetando tiempos y las decisiones que ellas fueron tomando. Entonces fuimos aprehendiendo –haciendo propia y recuperando para nosotras– una nueva manera de ser iglesia en juzgados, en el duelo, en las casas de familia, en las compras, en lo cotidiano.

Misiones es una provincia rica en biodiversidad. Tiene agua y una selva preciosa, que surgió de pequeñas y diversas semillas. En *El encuentro nos transforma* nos consideramos pequeñas semillas. Tanto, que hicimos propia la "Oración de Oscar Romero", que queremos compartirles y a la que nos permitimos modificar para que refleje un lenguaje inclusivo. Creemos que la misión es de Dios y que nosotras contribuimos en una parte tan mínima como valiosa.

Plantamos las semillas que algún día brotarán.

Regamos las semillas que ya han sido plantadas,

sabiendo que contienen una promesa futura.

Echamos los cimientos que necesitarán posterior desarrollo.

Proveemos la levadura que produce efectos más allá de nuestras aptitudes.

No podemos hacer todo,

y al darnos cuenta de ello nos sentimos liberadas.

Eso nos permite hacer algo y hacerlo muy bien.

Será incompleto pero es un comienzo,

un paso a lo largo del camino,

y una oportunidad para que la gracia del Señor aparezca y haga el resto.

Quizá nunca veremos los resultados finales.

Pero ahí está la diferencia entre el maestro de obras y el albañil [el artesano].

Somos albañiles [artesanas], no maestras de obra, ministras [servidoras], pero no Mesías.

Somos las profetas de un futuro que no es el nuestro.[2]

---

2 Extraído y adaptado de "Oración de Oscar Romero". Disponible en: https://www.revistafenomenos.com.ar/oracion-de-oscar-romero/

Estas bellas palabras reflejan lo que hacemos a diario. Y, muchas veces, en ellas –o en otras palabras de ánimo que nos damos unas a otras– hallamos la esperanza para seguir adelante con la tarea. Como artesanas, tejimos redes de amigas y amigos que nos ayudaron a nosotras y a los vulnerados/as con alimentos, medicamentos, apoyo escolar, y más. Como reza nuestra oración, tenemos claro que quizá nunca veamos los resultados finales. Más bien, fortalecidas, aprendiendo, cuidando y amando en medio de este contexto hostil, encontramos nuevas maneras de construir una realidad viable, de soñar juntas, y de seguir pensándonos.

Porque no basta una pandemia y un mundo mal repartido para apagar la Luz de lo que es verdaderamente cierto en nuestro corazón: somos (y seremos) las profetas de un futuro que no es el nuestro.

CUENTA LA PALABRA...

DAYLÍNS RUFÍN PARDO

JOSÉ IGNACIO: Muy buenos días desde el rinconcito de Radialistas Apasionadas y Apasionados. Hoy nuestro lugar está lleno de alegría y olor a café –¡que me encanta!–, pues recibimos la visita de las hermanas y hermanos de la comunidad cristiana La Sagrada Familia de Alamar, Cuba.

GRUPO: ¡Hola! Gracias por recibirnos. Es un placer estar acá.

JOSÉ IGNACIO: El gusto es nuestro, compatriotas (*risas del grupo*). Bueno, comencemos este tiempo de entrevista en vivo. Fíjense cuánta gente está escuchándonos ahora mismo. ¿Quién comienza? ¿El pastor, la pastora?

SILVIA: ¿Ellos? ¡Lo dudo mucho, compañero!

MARÍA MAZZARELLO: Nooo, qué va... en nuestra iglesia no nos dividimos ni relacionamos de esa forma.

JOSÉ IGNACIO: ¡Entiendo! Entonces responderá quien desee, espontáneamente, ¿no?

GRUPO: Así mismo. Sí, lo hacemos de esa forma. Nos gusta así. Así somos.

JOSÉ IGNACIO: Vamos, pues. Cuéntennos un poco de cómo fue la situación allá por la isla en este tiempo de pandemia, qué pasó y qué aprendizaje sobre ser pueblo de fe les dejó como comunidad.

Se miran. Un joven toma la palabra.

ABELITO: Yo nunca empiezo, pero, hoy, me decidí a hablar primero. Esto es algo que la pandemia me dejó de enseñanza en lo personal: es importante no dejar de expresar lo que sentimos cuando nos nace de adentro. Para el mundo, este tiempo fue muy duro. En nuestro caso, siendo una iglesia pequeñita y extramuros, al Este de la Habana, muchas veces sentíamos más la incomunicación y el aislamiento. Nadie en esta comunidad tiene auto y Habana del Este queda lejos del resto de los municipios. Era difícil salir y llegar para compartir víveres y ayudarnos, porque algunas personas no vivimos ni siqiera en el mismo Alamar.

JOSÉ IGNACIO: Mira qué interesante. Por lo que veo, son una comunidad diversa, aunque no solo en edades.

SILVIA: Edades, color, gustos, historias de vida. ¡Cada persona de esta sagrada familia es diferente, como puede ver! Pero eso nos nutre mucho, porque por ese ser tan diferentes, cada quien trae como legado cosas únicas, lindas, y sabiduría de Dios para aportar. Yo, que ya peino canas, por ejemplo, le confieso que también aprendo de nuestras muchachas y muchachos más jovencitos, y doy gracias al Dios de la Vida no solamente por lo que puedo ofrecer, sino también por todo lo que puedo aprender aun a mi edad.

LILIANA: Siguiendo a nuestra diaconisa Silvia, me gustaría responderle: así es, estimado. Yo soy una de las que lleva menos tiempo como parte de esta Sagrada Familia de Alamar. Vivo en Marianao, bien lejos de la casa que nos sirve de templo. Llegué en plena pandemia, entre el fin de una cuarentena y el comienzo de otra. ¿Qué me atrajo? ¡Sería difícil describirlo! Pero el sentido de acogida y la manera de celebrar la fe que allí logramos no lo había experimentado antes en otro lugar. Allí encontré una iglesia en círculo, donde absolutamente todas y todos sirven voluntariamente. Una familia de gente de fe trabajadora, una comunidad del camino, en la que, especialmente en tiempos de pandemia y a pesar de tantos desafíos económicos, se partía y compartía realmente el pan de forma natural.

JOSÉ IGNACIO: Eso me recuerda el texto de Emaús...

LUIS CARLOS: Exactamente eso, con humildad, es lo que intentamos. Estar siempre en camino, avanzar lado a lado, partir el pan que es la comida, pero que también es la vida.

DAYLÍNS: (interrumpe) ¡Y que nunca deje de ardernos y latirnos bien lindo el corazón al hacer y hablar de estas cosas!

LUIS CARLOS: (se lleva la mano al centro del pecho. Felíz, sonríe): ¡NUNCA!

Todas y todos sonríen agradecidos por la vida, porque triunfa, porque es don y milagro.

LOYET: Ay, yo quisiera hablar. Ante todo, decirle que estoy emocionado y agradecido por esta posibilidad. Gracias, de corazón. Como no tenemos mucho tiempo de programa, quiero contar específicamente de la experiencia tan especial que fue asumir la liturgia en ese tiempo en que estuvimos en encierro. El segundo cierre de las iglesias en la Habana fue en enero y a fines de año yo le había dicho a la pastora y al pastor que me iba a ocupar de ello. ¿Quién iba a imaginarse que la pandemia iba a virar tan fuerte para atrás? De manera que, cuando recién había empezado a servir en este aspecto que siempre ha sido central para la vida y espiritualidad de nuestra iglesia, el desafío se hizo grande al tener que dejar de encontrarnos. Y ustedes se preguntarán "¿Por qué grande? Se pueden conectar por Zoom, por Live...", ¡pero el asunto es precisamente ese! Nuestro país tiene un internet extremadamente caro, no todas las personas podemos pagar datos, no todas tenemos incluso un celular o vivimos en una zona de suficiente conectividad.

JOSÉ IGNACIO: ¿Y cómo se las arreglaban los domingos, entonces?

CATALINA: Yo puedo responder, si me permiten. Vivo en Centro Habana con mi hija Baby, esa jovencita callada que ve allá. Por muchas razones así, a veces me pasa como al resto. No siempre nos podemos conectar. Sin embargo, los domingos, en la primera etapa de encierro, siempre llamaban el pastor o la pastora, nos daban las cuatro lecturas del domingo y nos preguntaban si teníamos motivos de oración. En la segunda etapa, fue incluso más bonito todavía, porque cada domigo una hermana o hermano de los que en ese tiempo sí estaban pudiendo conectarse, hacía la llamada. Dejaba las lecturas y llevaba nuestros motivos de oración al grupo de Whatsapp que se reuniría una hora en la tarde entre quienes pudieran estar.

JOSÉ IGNACIO: O sea, hacían como el juego de pasar el bato. ¡Recuerdo ese juego de mi infancia! ¿La dinámica era más o menos así?

ORLANDO: ¡Exactamente! ¡Usted y yo debemos ser contemporáneos! ¡También recuerdo ese juego! Le cuento, entonces.

Tal como Caty ha dicho, en el segundo cierre no solo la pastora y el pastor asumieron el rol de guiarnos cada domingo. Haciendo uso de ese principio del sacerdocio universal de quienes creen, cada una y uno de los hermanos y hermanas, en la medida de sus posibilidades "tecnológicas", hizo llegar cada domingo la Palabra y trajo al resto las peticiones y acciones de gracias de la familia de fe. En medio de una pandemia que nos hacía sentir inutilidad, frustración y desánimo, vivimos más que nunca la experiencia de que hacer algo por Dios era, sobre todo, hacer algo por la otra y el otro. Y que llevar consigo la Palabra al resto y regresar con palabras de ruego de tantas vidas y voces amadas era también vivir el evangelio, comulgar y celebrar. ¡Al menos yo lo sentí así y eso quedó como enseñanza de Dios en mi vida! No sé si mis hermanas y hermanos lo sentirían igual.

La Sagrada Familia, otra vez emocionada, asiente.

JOSÉ IGNACIO: A quienes nos escuchan, quiero decirles que acaban de asentir casi al unísono. Estamos presenciando un momento muy lindo, donde se encarna el dicho de "unidad en la diversidad". Bueno, Sagrada Familia, además de lo ya compartido, ¿hay alguna otra acción como Iglesia que recuerden especialmente de ese tiempo de pandemia, sobre la que quisieran comentar?

MARÍA MAZZARELLO: Yo no voy a olvidar el ecumenismo. Eso siempre nos ha distinguido, es como el ADN de nuestra familia sagrada de la fe, pero durante la pandemia lo pudimos vivir de forma diferente, tanto comunitariamente como en lo personal. Como ya se ha expresado, la pandemia se unió con otra crisis que estábamos pasando y un cambio fuerte en lo económico que desafió nuestra fe y nuestras fuerzas. Yo, mujer ya retirada, era persona de riesgo y, por indicación de las autoridades de salud, no debía salir. Muchos de los alimentos necesarios, el pan de cada día, eran llevados a mi casa por gente voluntaria del gobierno municipal. Yo siempre he sido andariega, y me costó mucho estarme quieta, lo confieso. Me quemaba por dentro no poder cumplir con mi vocación de diaconisa, no poder brindarle plenamente mis dones de servicio a mi familia de la iglesia; pero sabemos que ese tal "Jesús", de cuyo movimiento nos sentimos continuadoras y seguidores, también nos demostró que el Reino se puede acercar en los pequeños gestos. Entonces, fue muy lindo abrirme a recibir y compartir con quienes tenía cerca; a veces, personas de otras religiones, a veces, incluso ateas. Pero ese acto de acercar una palabra de esperanza, o una manito de plátanos de mi patio, hablar con alguien desde fuera del edificio y darle aliento o ayuda –o recibirlo de ella y corresponderle–, fue también ser iglesia hacia afuera y servir a la iglesia más grande, en este templo bendito que es la vida.

GRUPO: Cierto. Muy cierto.

ALEJANDRO: A mi me gustaría mencionar algo que nadie ha dicho y que, en más de una ocasión, yo he dejado saber en mi comunidad y fuera de ella, que fue una iniciativa positiva que me marcó bien adentro: las Postales de Oración. Treinta y una postales digitales, una para cada día del mes, que contenían una oración inédita, escrita especialmente para ese día. Cada día con una imagen nueva sobre la que descansar nuestra vista y "salir", meditar... Y la insinuación (¡Solo la insinuación!) de un versículo bíblico que, cada quien, por supuesto, terminaba por buscar en la Biblia, pues siempre aparecían solo una o dos palabras junto a la referencia para encontrarlo. En la primera etapa de cierre, cursaba mi último año como estudiante de medicina y trabajaba muy duro como joven médico en la atención a casos en el barrio y en el hospital. Esas postales de oración me sostuvieron cada día de manera muy especial. Aprendí cuánto cuenta la Palabra para sanar y aportar vida. Solo puedo decir eso.

JOSÉ IGNACIO: ¡La Palabra cuenta! Y, sin dudas, la de cada una y uno de ustedes ha contado también como testimonio de esperanza, entusiasmo y resistencia para quienes han escuchado este programa hoy. Ya vamos cerrando este tiempo. A propósito de la palabra, ¿a quién le gustaría tomar la palabra para despedir el programa? ¿A los pastores?

GRUPO: ¡Nooooo! *(risas de fondo)*

PASTORES: No, ¡para nada! Más bien, nos gustaría, si es posible, que cada quien dijera una palabra o frase cortita que resuma la memoria de aprendizaje y sobrevivencia que nos dejó la pandemia como comunidad. ¿Estás de acuerdo, José?

JOSÉ IGNACIO: ¡Pues claro, chico!

SAGRADA FAMILIA DE ALAMAR: Compañía. Valor. Compromiso. Fe. Esperanza viva. Restauración. Resiliencia. Oración en acción. Sendas. Fuerzas de fe. Alimento y sostén. Transformación. Camino. Una luz en la oscuridad.

ACOMPAÑAR LA FRAGILIDAD DESDE LA POBREZA: UN NUEVO ROSTRO DE IGLESIA EN PANDEMIA

ELEUTERIO R. RUIZ

LA VIDA AMENAZADA DE JUANA

La historia de la vecina que llamaremos Juana tiene lugar en el contexto de la pandemia, en un barrio del conurbano bonaerense. La parroquia de la cual soy administrador está dedicada a Cristo Obrero, lo cual condice con la composición mayoritaria de la población.

Cuando llegó la cuarentena, la parroquia quedó prácticamente sin colaboradorxs, ya que la mayoría del voluntariado habitual está compuesta por personas de riesgo.

Como único residente estable del lugar, me tocó organizar la asistencia social de las personas que se iban acercando.

En primer lugar, comenzaron a venir vecinxs que solicitaban lo básico: alimentos para sobrevivir. Ante la ausencia del municipio, muchos necesitaban, además, conseguir turno para el médico, vacunación para la gripe, documento de identidad para poder acceder a las ayudas sociales, entre muchas otras cosas. Así, mi rol, habitualmente asociado al mundo de lo espiritual, pasó a vincularse con realidades muy concretas y físicas del vecindario.

Las cajas de mercadería de la fundación #SeamosUno sostuvieron la asistencia durante nueve largos meses. Por razones sanitarias, decidimos llevarlas directamente a domicilio. Con personas que no suelen concurrir a la Iglesia pero que son naturalmente solidarias, se formó un equipo de voluntarixs para la distribución. Otros dos equipos de personas –en su mayoría, mujeres– comenzaron a cocinar los sábados y domingos para dar una vianda caliente a lxs vecinxs. Estas actividades, entre otras, generaron una presencia de la parroquia en el barrio y un acercamiento cordial del vecindario a nuestras instalaciones, que empezaron a sentir más como propias, más accesibles.

En este contexto de fuerte involucramiento de la parroquia en el barrio, se ubica la historia de Juana. Una tarde, me llaman para avisarme que Juana estaba yendo a la comisaría para hacer una denuncia contra su pareja por violencia de género contra ella y su hija adolescente. En realidad, estos episodios de violencia ya llevaban bastante tiempo y, para nosotrxs, dentro de todo, fue una alegría que se hubiera decidido a pedir ayuda. Quisimos acompañarla para asegurarnos de que la policía le tomara la denuncia y para que se sintiera contenida. La experiencia fue dura, porque además de quienes fuimos de parte de ella, también estaba la familia del hombre, que defendía y justificaba sus acciones violentas. Mientras Juana hacía su declaración, el imputado se asomaba sonriente desde dentro de una de las salas, donde charlaba muy amigablemente con los otros policías varones.

El resto de la historia es demasiado conocida. Denuncia, detención por unas pocas horas, restricción perimetral que no se respeta, la víctima que debe huir de su propia casa y deambular por casas de amigas, hasta terminar volviendo a su "hogar", quizás con la ilusión de que la realidad sea menos terrible. Nos quedó una sensación de impotencia profunda y la conciencia de nuestra limitada capacidad de acompañar eficazmente estos procesos, que en tiempos de aislamiento se intensifican y multiplican.

UNA IGLESIA DÉBIL QUE SE DESCUBRE FUERTE

En el Primer Testamento, encontramos frecuentemente experiencias de debilidad transformada en fuerza, vividas por las y los escritores sagrados como manifestaciones del poder de Dios. Historias de patriarcas y matriarcas que saben encontrar caminos de vida a pesar de ser consideradxs sin importancia o sin poder, como Rebeca cuando consigue que su hijo preferido, Isaac, obtenga la bendición de primogénito (Gen 27). El mismo Éxodo es una enorme manifestación del poder de Dios, que rescata a un pueblo de esclavos con "mano fuerte y brazo extendido" (Dt 4:34; cf. Ex 3:19; 6:1, etc.). Dios hace del pequeño David (1 Sam 16) un poderoso rey, y del Siervo humillado un instrumento de salvación para los pueblos (Is 42:1-9; 49:1-6; 50:4-9; 52:13-53, 12), porque "el hombre no triunfa por la fuerza" (1 Sam 2:9). Sabemos que estas líneas de reflexión teológica se recogerán en el Nuevo Testamento a partir de la experiencia de la cruz de Jesús, "locura para quienes se pierden, pero para quienes se salvan –para nosotros–, fuerza de Dios" (1 Co 1:18), recreada en la experiencia del Apóstol, que proclamará que "cuando soy débil, entonces soy fuerte" (2 Co 12:10).

La pandemia nos puso, como Iglesia, en situación de extrema fragilidad: carencia de personal voluntario, imposibilidad de generar recursos a través de colectas por no haber celebraciones, ausencia de actividades, aislamiento de las y los miembros de la comunidad entre sí por tener que estar recluidxs en sus propias casas... Los signos que normalmente nos identificaban, como las celebraciones, las reuniones, los sacramentos, las actividades sociales, desaparecieron. Quedó un edificio vacío y la pobreza de un simple ministro para responder a tanta demanda.

Y fue precisamente allí donde apareció ese otro rostro de la Iglesia: una Iglesia que son "piedras vivas" (1 P 2:5), personas capaces de vencer sus propios temores y salir al encuentro de sus hermanxs sin posibilidades de trabajar, aislados por el COVID19, y acercarles a un Dios transformado en pan, en cercanía, en presencia. Sí, se trató de una Eucaristía en dirección opuesta: no un pan transformado en Cuerpo de Cristo, sino un Cuerpo de Cristo transformado en pan. Algo que, en definitiva, es la otra cara de la Eucaristía.

Si nos lamentamos continuamente del clericalismo, gracias a la pandemia, la Iglesia fue muy laical. Y donde el clero estuvo presente fue en funciones que normalmente no se asocian con su ministerialidad. Lo cual lleva a replantear el sentido mismo del ministerio ordenado: a qué está ordenado realmente. En el seno de la Iglesia Católica Romana, nos podemos preguntar si está ordenado al altar y a los sacramentos o, si no está ordenado, por ejemplo, a la animación de la comunidad en todas sus dimensiones o a generar comunión.

Personalmente, como ministro, me enriquecí con la experiencia de fe, diría litúrgica, de los momentos de oración de los equipos de cocina; con el testimonio de generosidad sin límites de quienes renunciaban a una ayuda recibida para compartirla con sus vecinos que estaban pasando una situación más dura; con las expresiones de sincera gratitud que colman el corazón de quienes sabemos que nuestro aporte es una gotita de agua en un desierto inmenso…

La pandemia mostró que una Iglesia frágil y pobre puede ser manifestación del poder de Dios, puede ser instrumento de vida y espacio de encuentro donde no haya gente de afuera y de adentro, donde se respeten y acojan las diferencias de credos y se haga visible la unidad que hace creíble nuestro mensaje (cf. Jn 17:21).

UNA IGLESIA FUERTE QUE SE DESCUBRE DÉBIL

Y aquí volvemos sobre la historia de Juana, que es en cierto modo la historia de muchas mujeres de nuestro barrio. Su historia todavía no tuvo un final feliz, y quizás no lo tenga. En todo caso, para nosotrxs fue una experiencia de impotencia que provoca a la reflexión. Una Iglesia que históricamente se jactaba de tener acceso a los espacios de decisión, de brindar apoyo y asilo a personas en situación de vulnerabilidad, hoy se ve despojada de muchas de esas prebendas. La cerrazón doctrinaria, unida a los sonados casos de abuso de autoridad, de conciencia y sexuales, han ido minando nuestra credibilidad en la sociedad y volviéndonos cada vez menos significativxs. El éxodo de fieles hacia modos de creencia más informales y "libres" también contribuyó a debilitar la presencia institucional que podía ofrecer asilo a personas en necesidad.

Esta experiencia de impotencia y debilidad podría ser vista como algo negativo. Sin embargo, volviendo a la teología de la Cruz, de ese Jesús que se "vació" a sí mismo, como canta el conocido himno de Filipenses (2:5-11), se puede interpretar como un camino de vida. Una Iglesia que no se ubica en un lugar de poder, desde "arriba", sino que acompaña y sufre con sus hermanxs. Una Iglesia frágil, que desde su debilidad e impotencia se vuelve signo de un Dios que "siendo rico, se hizo pobre para que ustedes se enriquecieran con su pobreza" (2 Co 8:9).

Tal vez se trate, entonces, de aprender a acompañar desde este otro lugar, donde no somos las y los salvadorxs, donde no le decimos a nadie lo que tiene que hacer o cómo comportarse, pero aprendemos a crear espacios de vida en los que cada persona, sintiéndose amada verdaderamente, sintiéndose parte de un pueblo de hermanxs, pueda encontrar caminos de libertad y justicia.

DESTELLOS DE ECLESIOLOGÍA CONTEXTUAL EN TIEMPOS DE PANDEMIA

NANCY ELIZABETH BEDFORD

El 18 de marzo de 2020, falleció mi mamá. No se había contagiado del coronavirus. Tenía 95 años y sabíamos que no le quedaba mucho tiempo. Murió de la mano de mi papá, en su casa, rodeada de amor y de cuidados. La memoria le fallaba y ya no podía hablar, pero sabía quién era mi padre. Él oró con ella y le dijo que estaba bien que se fuera primero, que él la seguiría más adelante, cuando le tocara. Ella asintió con una última mirada, y se fue. Habían estado casados 74 años.

Mientras tanto, la pandemia avanzaba inexorablemente en la zona de Chicago, donde vivimos. Tres días antes, mi hermana había tenido que despedirse para tomarse uno de los últimos aviones rumbo a Argentina, antes de que se cerraran las fronteras por la cuarentena. El mismo día que murió mi madre, un miércoles, fue el primer día de las clases virtuales que reemplazaron a las presenciales en el seminario teológico donde enseño. Toda mi familia había tenido que pasar las actividades de trabajo o de estudio abruptamente a la modalidad virtual. No pudimos concretar un velorio ni un culto de celebración en honor a mi mamá. Cuando llegó el momento de enterrarla, nos permitieron la entrada al cementerio solamente a ocho personas: mi papá, mi esposo y tres hijas, la señora guatemalteca que nos ayudaba con los cuidados, el pastor de la iglesia de mis padres –también guatemalteco– y yo. Nos armaron un toldo bajo el cual habían colocado sillas plegables, como en las películas. Llevábamos barbijos y guantes quirúrgicos azules, y cada una de las sillas estaba a dos metros de las otras. El pastor oró y dijo unas palabras, cantamos un himno y colocamos unas flores arriba del féretro: rosas rojas y amarillas, como le gustaban a mi madre. Los trabajadores del cementerio, también latinos, al escuchar voces en castellano se sumaron al momento, desde lejos. Cuando el pastor abrazó a mi padre para consolarlo, no sabía si apreciar el gesto o pedirle que se alejara, por temor al contagio. Ese momento litúrgico compartido en el cementerio marcó el último evento eclesial cara-a-cara que experimentaríamos antes de que comenzara la cuarentena estricta debido al COVID-19. A la pérdida de mi mamá se le sumó la pérdida de muchas prácticas de nuestra cotidianidad eclesial. Sin embargo, leídas desde la fe y el seguimiento de Jesús, pudimos ver que no serían pérdidas absolutas. Más bien, comenzábamos a vivir conscientemente una etapa de espera activa, esperanzada, sabiendo que algún día ocurriría el reencuentro.

Mi padre, que se congrega en una iglesia bautista de habla hispana, pronto aprendió a manejarse con Zoom y con Facebook Live para poder sumarse a los cultos y los estudios bíblicos. Al realizarse en español los cultos, se han podido sumar personas de muchos de nuestros países de América Latina y el Caribe, de modo que el alcance del ministerio de la iglesia se ha extendido de un modo inesperado. Los hermanos y las hermanas que viven cerca de nuestro barrio fueron muy fieles en acompañarlo en su duelo, llamándolo por teléfono a diario y llevándole comida. Les pedimos, sin embargo, que no lo visitaran en persona, pues no queríamos que estuviera expuesto al virus. Mientras tanto, nosotros, que somos parte de una comunidad menonita, comenzamos a participar de los cultos virtuales de nuestra iglesia. Estábamos aprendiendo a reconocer la materialidad de la virtualidad, pues si bien no podíamos reunirnos cara a cara, los cultos y las reuniones virtuales tienen su propia dimensión encarnada, aunque sea diferente a la habitual.

De a poquito, fuimos improvisando y sumándonos a prácticas litúrgicas emergentes. La iglesia resolvió reunirse en modalidad remota hasta que toda la comunidad pueda vacunarse. Así es que, por ahora, todavía los domingos a las 10 de la mañana celebramos un culto virtual. En casa ponemos la computadora en una punta de nuestra mesa rectangular y nos sentamos a la mesa en nuestros lugares habituales, con café y tostadas de por medio. Podemos ver quiénes más están presentes en el "salón" de Zoom y enviarles mensajes por chat. En general, silenciamos los micrófonos y cerramos las cámaras, a no ser que nos toque hablar, o al final del culto, cuando todos prendemos las cámaras para un saludo general. Cuando es la hora de comenzar, la pastora o quien presida ese domingo prende una velita y nos invita a hacer lo mismo en nuestras casas. El culto es muy participativo, como siempre en nuestra congregación: diversas personas leen, oran, cantan la doxología o predican. Algunos sermones se hacen de manera dialogada entre dos personas. Los músicos de la iglesia graban canciones de antemano, editadas para que suenen armónicamente con las partes y la instrumentación; ese suele ser el único elemento asincrónico del culto. Tenemos espacios de interacción social en grupitos generados a través de una función de Zoom. Al finalizar el culto, existe la posibilidad de un encuentro virtual para discutir el mensaje. Compartimos la "paz de Cristo" vía textos y chat. La horizontalidad del modelo eclesial anabautista, al menos tal como se expresa en nuestra iglesia, ha permitido que los aspectos explícitamente sacramentales de la vida eclesial, como la Cena del Señor, se sigan celebrando. El pan y el vino que tenemos en casa también se prestan para "tornarse para nosotros y nosotras –como dice la liturgia– el cuerpo y la sangre de Jesucristo".

Como iglesia, ya aprendimos a depositar la ofrenda vía PayPal o a llevarla en persona a un buzón que tiene la iglesia. Con lo que vamos recaudando empezamos un fondo específico para sostén mutuo y ayuda a gente del barrio en época de pandemia, para afrontar emergencias puntuales tales como no poder pagar el alquiler debido a la desaparición de muchos trabajos. Algunos de los adultos jóvenes se han ocupado de hacerles las compras en el supermercado a los más ancianos. La pandemia ha agudizado las desigualdades económicas y sociales que sabíamos que ya existían en nuestra comunidad. Ahora vemos con mayor claridad quiénes tienen acceso estable a internet y quiénes no; quiénes han podido trabajar o estudiar remotamente y quiénes se han quedado sin trabajo; quiénes más padecen de la soledad y quiénes viven rodeados de sus afectos. Esa mayor perspicacia –parte de lo que Boaventura de Sousa Santos llama la "cruel pedagogía del virus"– también nos ha permitido descubrir maneras concretas de apoyarnos y conectarnos con cariño, solidaridad y creatividad.[1]

La cuarentena también ha sido una oportunidad para emprender arreglos en el templo que hubieran sido difíciles de otro modo, dada la constante circulación de personas en épocas más normales. Pudimos refaccionar la cocina y agregar baños accesibles para la gente en silla de ruedas. También iniciamos un proyecto de seis murales que a través del arte representan los compromisos y las convicciones de nuestra comunidad de fe. Irán ubicados en una pared externa de nuestro edificio, un viejo galpón que no es fácilmente reconocible como iglesia. Los estamos pintando de a poco, en pequeños grupos y con las mascarillas puestas. La creatividad artística ha aflorado de varias maneras. Cuando no se pudo realizar el pesebre viviente de la Nochebuena, uno de los momentos más entrañables del año en nuestra iglesia, un grupo se las ingenió para ayudar a que los adultos grabaran en sus celulares a los niños y jóvenes en sus casas actuando en diversas escenas de la historia navideña. Luego hilaron las escenas y lograron una pequeña filmación que se proyectó en nuestro culto virtual de Nochebuena.

Por otra parte, durante estos meses de cuarentena han surgido algunos grupos de trabajo en respuesta a las exigencias del momento, como por ejemplo la continua violencia contra la gente afrodescendiente. Nuestra iglesia tiene un gran cartel que dice "las vidas negras importan". Una mañana, apareció una pintada racista en una pared pegada al templo. La pastora,

---

1 Cf. Boaventura de Sousa Santos, *La cruel pedagogía del virus* (Buenos Aires: CLACSO, 2020).

junto con la concejal que representa al barrio, invitó a que todos fuéramos a subvertir ese mensaje, embelleciendo la pared con tizas de colores y agregando nuestros propios mensajes, antes de que los trabajadores municipales lo pintaran de blanco. A su vez, se comenzó a reunir un grupo de modo virtual para explorar las maneras en las que nuestra comunidad de fe pueda lograr una visión común de lo que significa el antirracismo teológico y planificar qué pasos concretos queremos dar como comunidad que intenta seguir a Jesús, para combatir de modos no-violentos el racismo estructural y personal que se vive en nuestra ciudad.

La etimología de la palabra "cuarentena" está vinculada con la de la "cuaresma", que en la tradición litúrgica cristiana es un período de reflexión meditativa y profunda rumbo al Viernes Santo. Se trata de un espacio para la queja y el dolor, pero también para intuir en esperanza aquello que todavía no podemos ver: el nuevo cielo y la nueva tierra inaugurados por la resurrección de Jesús. Como congregación, esta prolongada cuarentena-cuaresma nos ha ofrecido la posibilidad de preguntarnos: ¿queremos seguir haciendo lo que hacíamos siempre? ¿qué queremos cambiar? ¿qué hace falta y qué realmente no hace falta? ¿qué cosas nuevas debemos y podemos hacer? La pandemia nos ha regalado la vivencia concreta que, de hecho, tenemos imaginación suficiente –con la consiguiente flexibilidad epistemológica e institucional– como para adaptarnos creativamente a las nuevas realidades y a los nuevos desafíos que estamos viviendo ahora y que seguramente tenemos por delante en estas épocas de crisis ecológica y económica a nivel global. Pase lo que pase, desde la luz que ofrece nuestra esperanza compartida en el camino de la resurrección, sabemos que la separación y la muerte no tienen la última palabra. Con los destellos de eclesiología contextual que nos va regalando el Espíritu de la Vida, nos alcanza para seguir adelante, paso a paso.

UN CUERPO DISTORSIONADO POR EL COVID-19 NECESITA DE LA TERNURA QUE NOS OFRECE JESÚS

RICHARD F. SUERO ALCÁNTARA

SEÑOR, ENSÉÑAME TUS CAMINOS: SALMO 24

Después de haber visto y escuchado casos y casos en el ministerio de la congregación que servía, Faith Santa Fe, en Milwaukee, WI, un día ya no me pude levantar de la cama por los fuertes dolores en las extremidades, fiebre interminable, dolor de cabeza, los ojos inflamados y delirio progresivos. Parecía que el cuerpo que Dios me dio me había abandonado. Estaba corporalmente paralizado. Me hice la prueba del CO-VID-19. Durante cuatro días llamé a diario al hospital para preguntar si ya tenían el resultado. Qué angustia tan desoladora. Tenía tanto temor y temblor de saber el resultado de ese test. Qué vacío tan grande. Cada día parecía un día sin crónica, sin inventario, sin nadie alrededor, solo yo con mi corta memoria, que entraba y salía de mí cuando le apetecía. En este asalto del coronavirus, ¿cómo formular una propuesta de la iglesia como cuerpo de Cristo? ¿Cómo encontrar a otros cuerpos con el mismo estado e invitarles a caminar juntos, con Jesús de Galilea?

Durante tres semanas viví durante el día y morí durante la noche. Aunque estuve humanamente solo todo ese período, literalmente nunca sentí la ausencia de la divina Providencia. Aunque era el final del invierno en Milwaukee, WI, las noches eran tan largas como la agonía de mis delirios y los días tan cortos, apenas suficientes para abrir y cerrar los ojos no más de una o dos veces. Vivir o morir solo tenía sentido al apegarme con fuerza a la gracia de Dios, que bailaba conmigo entre el cielo y la tierra. Haber vivido primero las experiencias del COVID-19, aunque necesariamente me confrontó con el límite de la existencia misma, también me limitó en las relaciones ya forjadas en la comunidad. La congregación de Faith Santa Fe es bien conocida por su entrega fiel y práctica en el acompañamiento al barrio. Sin embargo, en una ocasión, acompañé a un miembro de la congregación que tenía una cita con una abogada. Cuando ella supo que el pastor Suero se había recuperado del virus, dijo inmediatamente: "Quédese afuera; no hay lugar para usted aquí. Usted tuvo el virus".

¿CUÁL SERÁ EL RUMBO DEL CUERPO DE LA IGLESIA DE HOY?

Después de ese suceso, le di las gracias a Dios por haberme salvado de las garras del virus, pero, más que todo, entendí mejor las enseñanzas del Nuevo Testamento, donde Jesús sana a un leproso en Mateo 8:1-41, en Marcos 1:40-45 y también en Lucas 5:12-16. Estos textos narran la experiencia de Jesús de la siguiente manera: "Y he aquí que vino un leproso y se postró ante él, diciendo: 'Señor, si quieres, puedes limpiarme'. Jesús extendió la mano y le tocó, diciendo: 'Quiero; sé limpio'". Y, al instante, su lepra desapareció.

Mi experiencia con el coronavirus no solo me hizo recordar el bochorno de haber estado postrado por días sin aliento en una cama, pero también me enseñó que unas de las secuelas públicas de la construcción social del COVID-19 es la creación de una nueva forma de discriminación, como un "leproso" en la antigüedad: "Tiene el virus. Él tiene el virus. Lo tiene". Sin embargo, en la Palabra de Dios que se encuentra en la Biblia, la cual no es antigua ni moderna, sino eterna, según Martín Lutero, encontré el hermoso pasaje de Mateo 7:7-8 que ahora uso como mantra[1] en mi diario caminar en la comunidad: "Pidan y se les dará; busquen y hallarán; llamen y se les abrirá la puerta. Porque el que pide, recibe; el que busca encuentra; y se abrirá la puerta al que llama". El Espíritu Santo sigue soplando en este barro al que Dios regaló vida de nuevo. En este nuevo barro corpóreo, barro de la comunidad latinx alcanzado por la acusación "tiene el virus", es donde el Espíritu Santo sigue formando y transformando el Cuerpo de Cristo, la Iglesia de hoy.

REGRESEMOS A DIOS, PORQUE ÉL NOS HIZO Y SOMOS SUYOS Y SUYAS. SALMO 100.

La comunidad latinx sigue poniendo su confianza, fe y esperanza en esas palabras con las que Pablo nos invita en

---

1 Un mantra es un instrumento de la mente, un sonido o vibración poderosos que puede utilizarse para entrar en un estado profundo de meditación, sobre todo con palabras.

el capítulo 12 de Romanos, donde recuerda a la comunidad cristiana que tenga en cuenta a los y las demás, porque somos partes del mismo cuerpo de Jesús, por la gracia de Dios. Pues, dice Pablo: "Les ruego, hermanos, por la gran ternura de Dios, que le ofrezcan su propia persona como un sacrificio vivo y santo capaz de agradarle: esta celebración es conveniente a todas las criaturas que tienen juicio" (Ro 12:1-2).

Para pensar y proponer una eclesiología en la que el cuerpo está completamente distorsionado por el COVID-19, es necesario volver a la ternura que Jesús nos ofrece en el texto de Pablo. Ternura que brindará herramientas para una iglesia alternativa como morada del Espíritu Santo, que traerá frescura a quien escuche la Palabra de Dios, vivamos o muramos. Esta ternura en el compromiso con el cuerpo del que son parte nuestras humanidades radicará en escuchar, acompañar y lavarles los pies a quienes están impedidos por el virus, a fin de que puedan alcanzar la resurrección con Jesús. Nuestra iglesia, en su reconstrucción como cuerpo eclesiológico, necesita ser un hospital[2] que esté presente donde sea que el hijo o la hija de Dios clamen hoy, a través de muchos hermanos y hermanas: "*Elí, Elí, lama sabactani*, que quiere decir: 'Señor, Señor, ¿por qué me has abandonado'" (Mt 27:46-47).

Como luteranos y luteranas, tenemos una teología de la cruz bien robusta que continúa instruyéndonos en la relación entre la vida y la muerte y entre el dolor y la resurrección de Jesús. En este contexto, la teóloga latina Alicia Vargas relaciona este evento del sufrimiento y la cruz con la persona de Jesús y la comunidad, y nos recuerda: "El evangelio y la historia de Jesús

---

2 Loida I. Martell- Otero, Zaida Maldonado Pérez, Elizabeth Conde-Frazier. *Latina Evangélicas: A theological survey from the margins.* (Eugene, Oregon: Cascade Books, 2014). pp 90-107.

en la cruz sostienen a la comunidad positiva y fortalecida por la fe en medio de las oportunidades limitadas disponibles para ellos en este país".[3]

BENDICIÓN FINAL

Hay quienes responden al sufrimiento de una crisis encogiéndose de hombros. Dicen: "Bueno, el mundo es así, Dios los creo así". Pero esa respuesta malinterpreta la creación de Dios como algo estático, cuando en realidad se trata de un proceso dinámico. El mundo siempre está en gestación.

Pablo, en su carta a los Romanos, dice que la creación entera gime y sufre dolores de parto (Ro 8:22). Dios quiere construir el mundo con nosotros y nosotras, como colaboradores, en todo momento. Nos ha invitado a que nos unamos a Él desde el principio, en tiempos de paz y en tiempos de crisis: desde y para siempre.[4]

En este contexto, la obispa Elizabeth Eaton alega el 19 de enero de 2021: "Ahora, más que nunca, estamos tratando de unificarnos y servir mejor".[5] Y continúa: "La iglesia del futuro tiene que –o debe– facilitarnos la posibilidad de poner en conjunto nuestras genialidades colectivas como pueblo de Dios. Hay un genio viviendo en cada uno de nosotros y nosotras. Este genio, puesto al servicio del colectivo, podría llamarse

---

3 Elisa Vargas, "Reading Ourselves in the Cross Story: Luther and United States Latinos", en *Cross Examinations. Readings on the Meaning of the Cross Today.* Marit Trelstad (ed). (Minnesota: Fortress Augsburg 2006). pp. 56-59.

4 Papa Francisco. *Soñemos juntos. El camino a un futuro mejor. Conversaciones con Austen Ivereigh.* (New York. Londres. Toronto Sídney. Nueva Delhi: Simon & Schuster, 2020). p .4.

5 Obispa Elizabeth Eaton [Evangelical Lutheran Church in America] (19 de enero de 2021). *FutureChurch Update for Rostered Ministers|January 19, 2021* [Video]. Youtube. Disponible en: https://www.youtube.com/watch?v=pPKsDy206MQ

fruto del Espíritu Santo o el Sacerdocio de todas y todos los creyentes. Si aprendemos a escucharnos mutuamente, podríamos encontrar a Jesús en nuestras comunidades con justicia, paz y amor". Esta es la visión de lo que la iglesia podría llegar a ser si logramos poner nuestras comunalidades al servicio del acompañamiento de aquellos y aquellas que hemos dejado detrás de nosotros y nosotras.

LLAMADOS Y LLAMADAS A COMUNICAR VIDA EN TIEMPOS PANDÉMICOS

PAULO SIEBRA ANDRADE

Fuimos creados y creadas a la imagen y semejanza de Dios, quien se comunica de las formas más variadas con su creación: un Dios que se encuentra, que busca al otro y la otra. Esta búsqueda constante de expresión y comunicación es una característica también presente en el ADN de su creación. No es una orden ni un mandato; como parte de la creación, nos comunicamos a través de una vocación natural. Según la sabiduría del Salmo 19:3, "no hay lenguaje ni habla que no escuche su voz". Desde que nacimos, hemos intentado vivir de forma automática esta vocación comunicativa del creador, buscando formas de comunicar mejor lo que tenemos en mente, sean nuestras necesidades o lo que queremos presentar a otras personas. Por causa de la imperfección humana, esta comunicación no siempre se expresa de manera clara o comprensible, y, con ello, puede volverse insuficiente o conflictiva y causar problemas al remitente o receptor del mensaje. Jesús fue un comunicador por excelencia, tanto por tener una excelente retórica y emplear correctamente sus palabras como maestro, como por saber utilizar los modelos y formas comunicativas de la época; también, por utilizar todos los elementos de su vida y de su gente para transmitir su mensaje. Desde su nacimiento, podemos encontrar su modo de comunicación en los diversos elementos que formaban parte de su vida diaria. Como Dios, su comunicación se encarna en la realidad y el cotidiano de las personas.

En Lucas 18:35-43, encontramos el relato del encuentro de Jesús con un ciego a la entrada de Jericó. El texto llama nuestra atención sobre algunos elementos, como el poder de Jesús para realizar el milagro y la persistencia del ciego para llamar su atención. Además, podemos observar la acción de Dios de ir al encuentro, la curiosidad del ciego, despertada por el ruido de la multitud y que le hacía cuestionar lo que estaba sucediendo, la percepción de que estaba ocurriendo algo extraordinario y su comunicación con quienes estaban allí y con el mismo Jesús: "¡Jesús, hijo de David! ¡Ten piedad de mí!".

En tiempos de pandemia y distancias sociales, en los que la preocupación y los problemas son provocados por una enfermedad o condición humana, ¿puede un ser con una tendencia natural a comunicarse y sentir la necesidad de encontrarse con el otro y la otra vivir su vocación comunicativa? Por mucho que tratemos de evitar las nuevas tecnologías, en estos tiempos, hasta la "comunicación antiviral" militante más austera tuvo que rendirse y empezar a utilizarlas de alguna manera para reducir las distancias creadas por todo lo que está sucediendo en el mundo. Cuando nos enteramos de los primeros casos de infección por COVID19, era muy difícil imaginar que comenzaría una pandemia que obligaría a cerrar las fronteras y millones de personas en todo el mundo morirían a causa de ella. Inicialmente, la velocidad de la información y la manera en que se transmitía generaba mucha más desconfianza que una alerta global o la inseguridad inmediata de que estaría pasando algo muy grave, ya que se trataba de una enfermedad de la cual no había mucha información técnica concluyente y que tenía su primer foco en una ciudad del interior de China. Cuando empezaron a surgir casos en todo el mundo, la forma de comunicarse sobre el tema cambió y, en consecuencia, también lo hizo la postura de las personas ante toda la situación que se generó. De un mes a otro, la Iglesia que alguna vez oró por las primeras víctimas de la enfermedad en países y contextos tan lejanos, comenzó a clamar por personas de su propio país, ciudad, y de su propia congregación. Nuestra fe se ha encontrado con algo que otras generaciones de cristianos y cristianas han experimentado, pero en un momento muy distinto a los de las grandes pandemias.

Tan rápido como fueron los contagios, la información que llegó rauda a nuestros hogares nos trajo más preocupación que esperanza. En tiempos de redes sociales, las noticias sobre la pandemia se producían de forma masiva, las 24 horas, por los medios profesionales (periódicos, televisión, radio, sitios web, etc.) y por una multitud de personas anónimas, desde profesionales de la salud, periodistas e incluso personas comunes o sin ningún conocimiento técnico del tema, que creían tener algo de qué hablar. Mientras tanto, los funcionarios y funcionarias del gobierno buscaban desesperadamente formas de contener la contaminación desenfrenada del virus a través de políticas públicas de aislamiento social. Como resultado, se cerraron iglesias, se suspendieron los servicios y se cancelaron los eventos que causaran aglomeración social o la posibilidad de contaminación con el nuevo coronavirus.

Inmediatamente, con los protocolos de seguridad y las acciones restrictivas para contener las olas de contagios, experimentamos cambios en nuestras rutinas. De la noche a la mañana, la Iglesia, que era un lugar para comunicar la vida, se convirtió en un lugar potencial para promover la muerte. La amenaza invisible de la contaminación entró en los templos y mandó a todos a quedarse en sus casas. La adoración, la predicación de la Palabra y los sacramentos ya no podían ocurrir en los espacios de adoración, al menos hasta que pasaran los picos de contagios. ¿Cómo vivir nuestro llamado y vocación a acercarnos a las personas en este contexto? A partir de entonces, comenzó un desafío para los líderes de las Iglesias: que las personas no se quedaran sin asistencia pastoral y espiritual.

Impulsadas por nuevas formas de comunicación, aplicaciones, redes sociales y sitios web, las Iglesias y sus líderes corrieron tras las formas de entrar a los hogares de la gente. Se empezaron a realizar estudios bíblicos, cultos y encuentros virtuales con el fin de suplir la ausencia de presencia, proximidad y lugares de culto, lo que trajo limitaciones para llegar a las personas. Nos enfrentamos a la poca relación de la gente con las nuevas tecnologías, a la limitación de las familias para tener conexión a internet, a la dificultad de asociar el espacio de culto con una pantalla, y a las muchas imposibilidades que se construyeron desde un entorno personal (estábamos divididos y divididas entre las ganas de participar y otras tareas o llamadas desde nuestro hogar). Ese espacio de encuentro, espiritualidad, tranquilidad, meditación y comunión, cuyas puertas estaban abiertas a todos y todas, en tiempos pandémicos se limita a contenidos transmitidos por pantalla, vistos en múltiples lugares: en casa, en un espacio relajante; solitos/as o en familia; o en ambientes o entornos problemáticos o ruidosos: en calle, en el transporte público o en un hogar donde hay violencia doméstica y problemas de relaciones interpersonales. Es decir, las estrategias comunicativas diseñadas para un templo religioso pueden ser ineficaces para llegar a estas personas.

La pandemia del coronavirus y el aislamiento social provocaron cambios profundos en las estructuras familiares y revelaron una necesidad olvidada de atención de salud mental. Cuando nos enfrentamos a situaciones extremas como la muerte y la imposibilidad de estar presentes en un velorio, la falta de rutina común, de encuentros personales y reuniones, el agotamiento digital y el exceso de malas noticias y el falso optimismo basado en el negacionismo, las *fake news* y los tratamientos ineficaces contra la COVID19, nuestras mentes se saturan y normalizamos lo absurdo, creando así un escenario perfecto para desarrollar enfermedades mentales que nos dificultan la superación personal de los tiempos difíciles que vivimos.

En momentos así, es necesario que la Iglesia se encuentre con estas personas y busque suplir la falta de comunión y del lugar de culto con una asertividad que produzca todo lo que las sectas brindan en los espacios físicos donde se desarrollan. En una época de multiformidad comunicativa, es necesario trascender el diálogo para comprender estas necesidades. Como punto de partida, es importante reflexionar sobre las siguientes preguntas: ¿Qué diferencia un culto en línea de cualquier otro evento virtual? En términos técnicos, nada, pero, en términos de contenido, ¿lo que se transmite es de interés para el público? La segunda pregunta es: en medio de la enorme oferta de contenido, el estrés y la fatiga digital, ¿cómo podemos conocer gente? Lo que pasó con Jesús y el ciego de Jericó nos señala algunas salidas: a pesar de todo el ruido de la multitud, la comunicación fue posible; también el encuentro, que dio lugar al asombro. Simplemente comprende y sé consciente de las voces que nos gritan.

Todos los elementos de un culto comunican asertivamente el Evangelio y la Gracia de Dios. Esta asertividad debe transmitirse en los elementos de la vida de las personas. El ambiente que transmite seguridad y paz en la Iglesia debe extenderse a los hogares, para que allí se vivan cultos virtuales en ambientes sin violencia doméstica, homofobia, abuso sexual o pedofilia. El habitual lugar de comunión, visto como un espacio democrático donde todos y todas tienen voz y son vistos y vistas con igualdad y justicia y llamados a la mesa para matar el hambre, debe extenderse como misión a nuestra sociedad durante y después del aislamiento social. Comunicar la paz en estos tiempos es caminar entre una multitud, atentos y atentas a la comunicación de quienes gritan en la espera.

Que este nuevo tiempo que llaman "la nueva normalidad", cercanos y cercanas, o bien aislados y aisladas socialmente, sirva, para nosotros, creados y creadas a la imagen del Dios comunicador, para reflexionar, escuchar y comprender lo que sucede a nuestro alrededor con la creación que se comunica con su creador y para encontrarnos con quienes sufren y esperan un milagro en todos los espacios sociales.

LA UNIVERSALIDAD DE LA COMUNIDAD DE FE

SONIA SKUPCH

La razón de ser de la iglesia, el sentido de su existencia, es el anuncio del Evangelio, la buena noticia. Esa buena noticia es anunciada y encarnada en Jesucristo mismo, en su ministerio, su pasión, su muerte y su resurrección. Los discípulos y las discípulas de Jesús, ese asustado puñado de seguidores y seguidoras, recibió el encargo de anunciar la buena nueva de la salvación y redención de Dios a través de su Hijo y de encarnarla en sus seres. Para completar dicha tarea, serían capacitados y fortalecidas en el Espíritu Santo. Así es como lo leemos en el relato de la comisión a los discípulos y discípulas en Mateo 28 y en el relato de Pentecostés en Hechos 1. La naciente iglesia que luego se volvería una sólida institución con sus claros y oscuros llevaría adelante esta tarea evangelizadora en el sentido de anuncio de Buena Nueva.

Una característica distintiva y transversal de este "ser

iglesia" es su carácter comunitario. Basada en textos tales como Mateo 18:20, "*Donde hay dos o tres reunidos en mi Nombre, yo estoy presente en medio de ellos*", la fe cristiana siempre ha sido comprendida como un evento y experiencia fundamentalmente comunitarios. Esto no excluye experiencias de fe personales, pero tradicionalmente se ha definido a la iglesia como un espacio en donde la fe es vivida comunitariamente en torno a la Palabra y los Sacramentos, junto con otros y otras, y en ese caminar conjunto es donde se encuentra a Jesucristo. De hecho, el centro, el eje y la razón de ser de la comunidad de fe, ya sea la que nace de un breve encuentro o la que resulta de una larga convivencia diaria, es Jesucristo mismo. El teólogo alemán Dietrich Bonhoeffer escribe:

> Jesucristo es el que fundamenta la necesidad que los creyentes tienen unos de otros; [...] solo Jesucristo hace posible su comunión [de los creyentes] y [...] nos ha elegido desde toda la eternidad para que nos acojamos durante nuestra vida y nos mantengamos unidos siempre.[1]

Habiendo trazado conceptos eclesiológicos fundamentales, surgen entonces las preguntas relativas a estos tiempos de pandemia y medidas de prevención de contagio que consisten básicamente en el distanciamiento físico: ¿Cómo se anuncia el Evangelio?, ¿cómo se cumple con el mandato del anuncio de la Buena Noticia si no hay con quién encontrarse?, ¿cómo somos comunidad si nuestros templos permane-

---

1 Bonhoeffer, Dietrich: *Vida en comunidad*. (Salamanca: Sígueme, 2003). p. 13

cen cerrados y no podemos usar estos espacios que nos son tan significativos y que albergan a las comunidades de fe? En términos generales, creo que una de las grandes preguntas que se ha levantado en esta pandemia del COVID19 es acerca de la comunidad de fe, cuál es su esencia, qué es lo que le permite su existencia y cómo se configura en estos tiempos en donde también tenemos acceso a tecnologías que eran absolutamente inimaginables hasta hace poco.

Por las limitaciones propias de la extensión de este artículo, solamente me abocaré a uno de los aspectos arriba enunciados. Para ello, quiero compartir una experiencia de culto virtual que he tenido hace poco: la celebración comienza, las hermanas y los hermanos se conectan y se saludan. Está presente la pequeña comunidad nuclear geográficamente ubicada cerca del templo, pero se conectan también unos estudiantes de Brasil que en el pasado hicieron prácticas en Buenos Aires y encontraron cobijo y un "hogar espiritual" en la congregación; se conecta un pastor jubilado junto con su esposa desde el hogar de ancianos en donde residen, en Estados Unidos, también una diplomática de la embajada de Angola en Argentina, que invita a sus parientes a conectarse desde su país natal; se conecta un matrimonio de otra ciudad pero que por mucho tiempo fueron miembros de esta congregación mientras vivían en Buenos Aires, así como un joven que escuchó de estas celebraciones virtuales, que no se define como creyente pero que le da curiosidad saber cómo es; además, se conecta una mujer desde un centro de rehabilitación en el que se está recuperando de una cirugía muy complicada y se conecta un hombre desde el hospital en el que está internado porque tiene coronavirus y su situación se complicó. Para mejor, esta persona contagiada de COVID19 invita a su compañero de cuarto, que está muy angustiado porque haber contraído el virus hizo que se postergara una cirugía muy importante para él. El culto trascurre entre castellano y portugués, se escucha comunitariamente la Palabra, se celebra la Santa Cena, se ora por las necesidades de unas y otros, por el mundo, por la iglesia y a todos y todas les une un profundo sentir de ser parte de una comunidad que, desde sus dificultades y limitaciones, se encuentra en Jesucristo.

La descripción de quienes componen esta comunidad podría ser anecdótica o aislada, pero no lo es. Lo que pone de manifiesto de manera novedosa, porque las herramientas tecnológicas lo permiten, es el carácter universal de la comunidad de fe. No es solamente un conjunto de fieles circunscripto a un espacio geográfico que comparten su fe en Jesucristo, sino que la comunidad de fe, con sus virtudes y limitaciones, es una expresión y un testimonio de la iglesia universal que nace a partir de la obra del Espíritu Santo en Pentecostés. En ese sentido, trasciende el tiempo y el espacio. La comunidad de fe está rodeada de la "nube de testigos", como describe Hebreos 12:1; esa nube de testigos son todos los santos[2] que nos acompañan en nuestro caminar en la fe. De esa manera, la comunidad de fe a la que pertenecemos se encuentra en continuidad y en comunión con tiempos anteriores y expectante de los tiempos que vendrán.[3] Con ello comprendemos que la singular comunidad de fe a la que pertenecemos es solamente una parte y una expresión de la iglesia de Jesucristo, que va mucho más allá de las instituciones y los límites geográficos que las mismas imponen.

---

2 Con la palabra "santos" me refiero a todos y todas aquellas que han respondido al llamado a la fe en Jesucristo y que comparten su fe en la comunidad alrededor de la Palabra y los Sacramentos.

3 Nancy Bedford y Guillermo Hansen: *Nuestra fe. Una introducción a la teología cristiana.* (Buenos Aires: Instituto Universitario ISEDET, 2005). p. 73.

Entonces, esta "universalidad" de las celebraciones religiosas que permiten los nuevos formatos tecnológicos expresan el carácter universal de la iglesia –en cuanto a la superación de las limitaciones espaciales– de una manera novedosa.

En los credos antiguos que surgen como una expresión sintetizada de la fe cristiana, tales como el Credo Apostólico y el Credo Niceno-Constantinopolitano, se confiesa la fe en la Iglesia que es una, santa, católica y apostólica. Quiero destacar el carácter de la catolicidad de la iglesia, es decir de su sentido universal. Desde sus comienzos en el ministerio público, Jesús le imprime a su misión un carácter de catolicidad espacial, es decir, un carácter superador de los límites espaciales que, en ese momento, era principalmente la circunscripción de la predicación al pueblo judío y sus límites geográficos. Con sus predicaciones y sus acciones, Jesús pone muy en claro que la Buena Noticia trasciende los límites impuestos y es para todos y todas. Luego, el apóstol Pablo retomará fuertemente ese carácter universal con sus viajes misioneros y la predicación a los gentiles.

Sin lugar a dudas, los tiempos actuales –para los cuales la iglesia (entre otras instituciones) no se ha preparado, sino que ha tratado de responder de la mejor manera posible ante la contingencia, gracias a la capacitación en la fuerza y creatividad del Espíritu Santo– han permitido también el redescubrimiento de características eclesiológicas de alguna manera "adormecidas" por la predominancia de otros caracteres. En este caso, me refiero concretamente a la limitación geográfica de la comunidad de fe contra su universalidad espacial. Considero que este aspecto, que para muchos fieles es vivido como un descubrimiento de gran riqueza y de ampliación de sus horizontes eclesiales y espirituales, no debiera ser un elemento que se pierda a futuro, cuando la "normalidad" vuelva a instalarse, sino que las iglesias debieran evaluar trabajar en formatos híbridos que permitan modelos presenciales (que, a su vez, habilitan el desarrollo de características eclesiológicas que los formatos virtuales no) y formatos virtuales que acentúen el carácter universal de la comunidad de fe.

La iglesia es fruto de la acción de Dios y también es fruto de la fe de las personas que responden a la Palabra de Dios. Cómo este "ser" de la iglesia va tomando forma, dimensionándose y respondiendo a los tiempos es siempre el desafío y la pregunta. Pero justamente esto es lo que la hace dinámica, viva, vigente e interesante.

VIDA COMUNITARIA EN TIEMPOS DE COVID-19

BRUNO O. KNOBLAUCH

El propósito de las reflexiones que siguen es señalar algunos enfoques para la vida comunitaria en la actual situación de pandemia del COVID-19.

Como parte de la sociedad, las personas de nuestras comunidades de fe son afectadas en forma directa por todas las medidas que han instrumentado nuestras autoridades nacionales y locales. Pienso en la parroquia de Florida, provincia de Buenos Aires. Fueron largos meses en que se canceló toda actividad, toda celebración presencial, todo encuentro de persona a persona. En los dos últimos meses del 2020, con mucha cautela y distanciamiento, y luego de grandes esfuerzos y gestiones de la pastora local, se pudieron retomar los cultos presenciales. La cantidad de asistentes de los domingos, similar al promedio anterior a la pandemia, constituyó un pequeño indicador de que, a pesar de las restricciones de movilidad, se estaba respondiendo a una expectativa de los fieles. Así como la pastora Mariela, las y los ministros, tanto de la IELU (Iglesia Evangélica Luterana Unida) como de la IERP (Iglesia Evangélica del Río de la Plata), se esforzaron en desarrollar una nueva forma de comunicación durante los meses de prohibición de las reuniones.

En una alocución por las redes, el presidente de la IERP destacó que, contrariamente a lo esperado, los aportes económicos de los y las fieles de las comunidades en Argentina, Uruguay y Paraguay no solo se mantuvieron sino que se incrementaron ligeramente. Este es un dato concreto que indica que, a pesar del COVID-19, hay una respuesta desde la fe.

LA COMUNICACIÓN DEL EVANGELIO A TRAVÉS DE LAS REDES SOCIALES

La alternativa a los encuentros presenciales fue apelar a las reuniones virtuales. Los enormes esfuerzos de las y los ministros para utilizar Zoom, Youtube y WhatsApp, tanto para la celebración del culto como para las reuniones, los ha familiarizado con estos medios.

Imagino que para el futuro inmediato es urgente realizar una capacitación en el uso de los medios digitales para ministros y miembros especializados. Recuerdo las palabras de Marshall McLuhan: "el medio es el mensaje".[1] Esto quiere decir que la forma del mensaje es influida por el medio utilizado para enviarlo, que también afecta el contenido de la comunicación. La era electrónica ha creado un entorno totalmente

---

1 Marshall McLuhan. "El medio es el mensaje" es el título del primer capítulo de Comprender los medios de comunicación. *Las extensiones del ser humano* (Barcelona: Paidós, 1964).

nuevo. "El medio es el mensaje" significa que los medios digitales ejercen una gran influencia sobre nosotros y nosotras, individual y colectivamente. McLuhan estaba resaltando que tenemos la tendencia a prestar atención al contenido y a ignorar el medio, pero es el medio el que juega un papel por demás significativo. Para resumir, la interacción entre el usuario o usuaria y los medios digitales va modificando la experiencia humana, por lo que habrá que considerarlo en la planificación de la comunidad de fe.

ACERCA DE LOS MEDIOS DIGITALES

Santiago Bilinkis nos dice: "En la clásica historieta *Mafalda*, Quino retrata una preocupación común en la década del 60: los padres le prohibían a la niña usar el televisor, consternados por el posible abuso y las influencias imprevisibles que la programación pudiera tener sobre sus pensamientos. Esto exaspera a Mafalda y la aísla de sus amigos. Un poco después, durante los 70 y 80, el "villano" de muchos padres eran los videojuegos. Actualmente el 'enemigo' para nosotros es el celular conectado a internet y vemos con preocupación el uso que nuestros hijos hacen de sus dispositivos y de las redes sociales… Nuestra vida está cambiando mucho, de manera continua, pero de a poco. Necesitamos actuar ahora para proteger mucho de lo que nos resulta valioso. Sobre todo, porque lo que hagamos hoy determinará el futuro que construyamos".[2]

El año 2020, para las iglesias, la situación de pandemia ha introducido como un factor muy importante, si no el prin-

---

2 Santiago Bilinkis, *Guía para sobrevivir al presente: atrapados en la era digital* (Sudamericana, 2019. Extraído en agosto de 2019 de la introducción a la versión electrónica. pp. 21-22). Disponible en: https://libro.bilinkis.com.

cipal, el uso de los medios digitales para la comunicación del Evangelio. Como ejemplo, valgan los cultos celebrados en los templos, sin comunidad presente, y transmitidos por vía digital. Quienes participan de la celebración son esencialmente espectadores y espectadoras de un acto. Por ello, "la pregunta es [...] ¿cómo este medio puede facilitar la participación que empodere a una comunidad de fe a testificar en lugar de simplemente ser espectadores de un culto?".[3]

Tal vez sea la generación de jóvenes y de adultos y adultas jóvenes quienes se adapten al nuevo entorno con más facilidad, aunque el distanciamiento y encierro en tiempos de pandemia ha demostrado que ¡la generación de adultos y adultas mayores se ha sabido conectar activamente!

Hay que destacar que no necesariamente todas y todos los integrantes de nuestras comunidades tienen un teléfono inteligente o computadora a su alcance. La presencialidad y la vivencia comunitaria no se reemplazan por lo digital.

Por lo tanto, es urgente una reflexión teológica que incluya los medios digitales. Por ejemplo, se deberá considerar si la celebración de la Santa Cena puede ser parte del culto virtual o si se oficiará solo en forma presencial. Algunas de nuestras iglesias desarrollaron el culto de manera virtual, sin sacramento, ensayando diversos formatos. Otras optaron por incluir la celebración virtual de la Santa Cena. ¿Cómo realizar bautismos o bendiciones nupciales y participar de ellos? Ante la presente situación inédita, habrá que volver a meditar los textos bíblicos y volver a considerar la teología que sustenta la práctica cúltica.

3 Arni Svanur Danielsson, FLM. en "Reflexiones sobre los desafíos de las iglesias online", Heidi A. Campbell (ed.), 2020, (libro electrónico), B. Knoblauch (trad.). Disponible en: https://oaktrust.library.tamu.edu/handle/1969.1/188261. p. 19.

LA IGLESIA POST-PANDEMIA

No es tan importante describir o imaginar qué formato tendrán nuestras iglesias en el futuro. Mejor, tratemos de reconocer cómo estamos en el presente y propongamos algunos énfasis para el anuncio del Evangelio y la vida comunitaria. ¿Cómo abordar esta problemática? ¿Estamos acompañando la fe y la esperanza bíblica de nuestros miembros o somos parte del mensaje de temor y miedo que cierra el horizonte?

Hay ciertas actitudes y/o comportamientos que reconocer. Sin pretensión de ser exhaustivo, señalo la angustia causada por, por ejemplo, la pérdida de trabajo y por el encierro; el cansancio mental; la incertidumbre ante la crisis económica que repercute en el bolsillo; el marcado deterioro de las relaciones sociales, especialmente en los adultos mayores; el miedo generalizado a causa de la desinformación y/o de los mensajes contradictorios de las autoridades públicas y/o del "efecto contagio" que magnifica los estados de ánimo; el estado de enojo y una cierta protesta contra quien está en autoridad, sea del ámbito público, de la familia, o bien la autoridad religiosa. Estos síntomas han desembocado, para muchas personas, en un estado de tristeza y apocamiento. Todo esto se resume en *una ligera depresión*. Para las personas más frágiles, la "depresión COVID-19" puede llegar a necesitar atención de un profesional.[4]

---

4 Ver "Las dificultades de la adolescencia. Aspectos sociales y singulares de la adolescencia actual", en *Letra Urbana*. Disponible en https://letraurbana.com/articulos/las-dificultades-de-la-adolescencia/; "Juan David Nasio: 'Los argentinos no se deprimen porque tienen una capacidad de renacer única'", en *Clarín* [14/07/2018]. Disponible en https://www.clarin.com/cultura/juan-david-nasio-argentinos-deprimen-capacidad-renacer-unica_0_B1srcDLmm.html. Ver la información del Ministerio Argentino y de la Organización Panamericana de la Salud en "Intervenciones Recomendadas en Salud Mental y Apoyo Psicosocial (SMAPS) durante la Pandemia" [2020]. Disponible en: https://argentina.campusvirtualsp.org/intervenciones-recomendadas-en-salud-mental-

Un abordaje desde la fe tendrá como mensaje vivencial y de la predicación a *la empatía*. No son las muchas palabras las que ayudan a quien se percibe deprimido o deprimida. Lo que más necesita alguien en esa situación es contención, afecto, y hasta saber que hay un mensaje de amor ¡en el silencio del acompañamiento! Por otra parte, los y las adolescentes y jóvenes aprenden y se adaptan con más facilidad a la crisis, pero la vivencian de manera diferente que las personas adultas.

La parábola del buen samaritano (Lc 10:25-37), así como muchos otros textos, nos ayudarán en la recreación de una comunidad que restaure y sane en situaciones de auxilio. Igual que el samaritano, deberemos bajarnos de nuestro caballo y, sin hacer preguntas, actuar con la guía del amor de Jesús.

UNA ECLESIOLOGÍA DE LA HOSPITALIDAD EN TIEMPOS DE PANDEMIA

NICOLÁS PANOTTO

El 31 de diciembre de 2020 nos recibió, como familia, con una noticia poco alentadora para finalizar el año: nos habíamos transformado en contacto estrecho de una persona que había dado positivo de COVID19. Al pasar los días, comenzamos a notar los síntomas del contagio. Meses encerrados, cumpliendo rigurosamente con todas las normativas y resguardos, y no pudimos evitarlo. A pesar de salir lo menos posible, trabajar y estudiar desde casa, tener muy poco contacto con otras personas y mantener las reglas básicas de cuidado, finalmente el virus nos alcanzó.

Fue inevitable sentir una catarata de sensaciones. No tuvimos síntomas severos, como lamentablemente sucedió en muchos otros casos, pero el temor siempre está presente: que los niños pueden tener alguna secuela, que si el cuadro se complica entre los días 7 y 10, que si contagiamos a alguna persona cercana en situación de riesgo, entre tantos interrogantes que invaden al ser alcanzados por este virus aún incontrolable. Tratamos de hacer todo lo posible para estar firmes y con actitud positiva pero, por momentos, el silencio, la incertidumbre y la angustia nos asediaba. La perplejidad de este contexto hacía inevitable hundirse en la duda. ¿Y si la muerte nos alcanzaba? No queríamos ni pensarlo. En la situación en la que estábamos, nada lo impedía.

Una noche, nos llamaron para comunicarnos que nuestros nombres habían sido incluidos en una cadena de oración de un pequeño grupo en una zona rural del sur del país que todos los días a las diez de la noche intercedía por personas y familias que atravesaban la misma situación. Esa misma noche, en la mesa, después de cenar, como familia nos tomamos de las manos y nos unimos a esta gran red de intercesión. No lo hicimos solo por nosotros y nosotras, sino también por todas las personas en nuestro círculo que sabíamos estaban pasando por lo mismo. Fue un hermoso momento donde sentimos la conexión con un amplio grupo de hombres y mujeres, familias y comunidades de fe que apenas sabían nuestros nombres y, aun así, nos hicieron parte de sus súplicas.

Pasaron los días y comenzamos a recibir noticias de que muchos colectivos e individuos en zonas inhóspitas se encontraban orando por nuestra recuperación. Ese pequeño grupito inicial se conectó con otros núcleos de oración a lo largo del país para darles nuestros nombres. Personas con la que hacía años habíamos perdido el contacto se enteraron de nuestro caso por este "boca en boca" que nos reencontró. Supimos, incluso, que un grupo de personas en Alemania intercedió por nuestra familia.

No nos conocían. Éramos nombres en una lista. Forasteros y anónimos devenidos en huéspedes de la bondad, del cariño y de la preocupación de muchas y muchos que nos acogieron en sus deseos. Nos dieron lugar desde la palabra compartida, a pesar de desconocer nuestros rostros. Hermanos y hermanas en una misma fe, no por saber desde dónde creíamos, sino por el simple hecho de dar cuenta de nuestro sufrimiento y sentir. Una situación de vulnerabilidad que nos convocó en la diferencia, pero que a su vez la superó, conectándonos en eso tan fundamental, como es la fragilidad que compartimos.

Esto me llevó a reflexionar sobre qué significa ser iglesia en un contexto donde los distanciamientos se hacen más crudos y reales. ¿Es posible pensarse como colectivo creyente en este contexto? Se ha hablado mucho sobre la pérdida de la dimensión comunitaria de la iglesia en estos tiempos de creciente individualismo, de la propagación de espiritualidades consumistas enfocadas en una experiencia individual egoísta y poco interesadas por el compartir con el prójimo y de la asfixia que producen las pululantes formas jerárquicas de entender las estructuras eclesiales que conciben a las iglesias más como una empresa que como un grupo humano. Ahora bien, ¿qué hacer con estas críticas en un momento que nos obliga al desapego de los cuerpos, donde se hace difícil vivir en plenitud el principio del estar juntas y juntos, de estar cerca, de atendernos en la cotidianidad?

La discusión no pasa por el valor o no de la reunión de

los cuerpos. Es en la mirada del otro/a, en el roce, en el abrazo, en la gestualidad que evoca el encuentro donde el sentido de comunidad se pone en juego (para bien, para mal, ¡o incluso como riesgo!). Sin embargo, el desafío actual es más bien cómo reimaginar el ser iglesia en un momento donde los cuerpos no pueden estar juntos como de costumbre. Para muchas comunidades religiosas ha sido un gran desafío repensar la sacralidad de la reunión y de la materialidad ritual a partir de este contexto. Pero me gustaría ir un poco más allá: ¿acaso, a partir de la virtualidad, la pandemia no ha dado lugar a nuevas dinámicas de acercamiento, de estar en contacto, de considerar al otro/a desde un marco mucho más "cercano" que muchas de las formas o estructuras presenciales que hemos promovido como iglesias? Sin dejar el valor del encuentro corporal de lado, ¿acaso esta situación extrema de distanciamiento y encierro no nos ha mostrado la posibilidad de estar más juntos/as que antes, y con ello la paradoja de la lejanía social que producen tantas eclesiologías contemporáneas?

Este supuesto contrasentido me motivó a hacerme dos preguntas: 1) ¿Qué nos hace parte de una comunidad de fe?; 2) ¿Qué hace a una iglesia "comunidad"? Y es allí donde pienso en la importancia del sentido de *hospitalidad* como dimensión eclesiológica fundamental, que materializa el encuentro a pesar de –o, mejor dicho, desde– la distancia y la virtualidad. La idea de hospitalidad está lejos de ser un término que evoque a una simple práctica de caridad o a una respuesta compasiva desde un lugar de superioridad moral. La hospitalidad cristiana reclama una actitud de entrega al otro/a, así como Dios *se hizo huésped del mundo para ser acogido y a la vez acoger como acto para dar salvación*. Hospitalidad es asumir la gracia como modo de vida. Ver al otro, a la otra, desde el don, o como un don. Caminar en el recibimiento constante, así como Dios se dio al mundo.

Por esto la hospitalidad es, ante todo, un lugar teológico. Es transitar la historia, así como lo divino se reveló desde nuestra finita realidad: vaciándose a sí mismo para hacerse como uno de los/as más pequeños/as. De esta forma, el acto mismo de hospitalidad se manifiesta como espacio de revelación. Como la historia del camino de Emaús (Lc 24.13-35), donde el Jesús resucitado se presenta como un completo desconocido, aun ignorando todo lo que el pueblo había vivido por esos días. A pesar de ello, es acogido por los caminantes en su casa y es en ese acto de total entrega – "partiendo el pan", compartiendo lo poco con el anónimo– donde los ojos de esas personas son abiertos para ver a Dios mismo. Acoger al otro/a, al desconocido, representa la apertura de un espacio de encuentro con Dios. Como dice Nancy Bedford, la amistad y la conversación se transforman en instancias de efervescencia teológica.[1]

No obstante, la hospitalidad no significa únicamente presentarse como otro/a, como distinto, como diferente, sino que también implica un acto de confesión sobre nuestra vulnerabilidad. Ser huésped es reconocer la necesidad del otro/a. Una necesidad que puede ser atribuida a una circunstancia impuesta, pero también a una condición de debilidad, de pequeñez, que se opone a las lógicas de poder que demarcan nuestros modos de ser en el mundo. Por ello Dios "se vació a sí mismo": para hacerse parte de los más pequeños y para asumir la muerte de cruz (Fil 2:5-11). Aquí no estamos hablando de romantizar una especie de antropología flagelante, como

---

1 Nancy Bedford, *La porfía de la resurrección*. Buenos Aires: Kairós, 2008. pp.179-198.

cierta teología evangélica postula, sino de vernos huéspedes en la afirmación de nuestra vulnerabilidad, como acto que nos pone cara a cara con el otro o la otra con quien compartimos la misma posición.

La hospitalidad es la muestra más clara de la encarnación divina en la figura de Jesús. Es Dios mismo haciéndose huésped, asumiendo la paradoja de la historia y la vulnerabilidad humana, para, desde ese gesto, hacerse extranjero del y para el mundo. Como resume Juan Manuel Duque, "en la alteridad concreta del 'extranjero' que se vuelve huésped es donde se hace posible una verdadera experiencia del trascendente, como lugar primordial de la llamada a la hospitalidad".[2] En otras palabras, es en su condición de huésped donde vivimos el acercamiento de Dios a la historia, como un otro que acoge y es acogido en amor.

Es así como el hacerse huéspedes nos vuelve parte de una comunidad de fe. Ser huéspedes es hacernos, no de un lugar de superioridad, sino de uno de vulnerabilidad compartida, que nos lleva a codepender unos/as de otros/as. Este sentimiento fue el que tuvimos como familia al ser integrados/as a una comunidad manifiesta en esa cadena de oración: el ser acogidos/as en nuestra debilidad, en nuestra fragilidad, y ser aceptados/as desde allí. Una situación que, aunque nos atravesaba de manera particular, de alguna manera alcanza a todos/as. No nos sometieron a un interrogatorio para averiguar nuestros nombres completos, nuestros rostros, ideologías, teologías o modos de ver el mundo a fin de dictaminar si éramos aptos o no para ser incluidos en sus oraciones. No nos imputaron ninguna categoría para ser parte de la red. Simplemente

2 Juan José Duque, *El Dios ocultado*. Salamanca: Sígueme, 2017. p. 264.

nos acogieron desde nuestra situación. Devenir en huésped al final es eso: acoger lo inesperado, lo no buscado, lo desconocido, sin condición alguna.

El contexto de pandemia nos ha llevado a reconocer que lo que más nos une no son ni las pretensiones de progreso, ni las complejas estructuras globales, ni los sistemas económicos, ni las promesas de la ciencia. Lo que nos une es, precisamente, la debilidad y el pasaje de todo aquello que construimos como comunidad humana. Tal como afirma el politólogo Daniel Innenarity, "esta crisis no es el fin del mundo, sino el fin de un mundo. Lo que se acaba (se acabó hace tiempo y no terminamos de aceptar su fallecimiento) es el mundo de las certezas, el de los seres invulnerables y el de la autosuficiencia".[3] Cuando Jesús afirma que "no somos de este mundo" (Jn 15-19) no nos invita a aspirar a una especie de estatus supramundano, sino a comprender que la fe implica un acto de (auto)cuestionamiento frente a aquello que naturalizamos como "mundo", como realidad compartida, porque es en esa naturalización de lo que conocemos donde el poder enceguece y excluye. ¿Y cuál es esa condición? La vulnerabilidad del sabernos carne, corporalidades frágiles que convivimos a partir del reconocimiento de nuestro paso fugaz por el mundo.

La hospitalidad, entonces, es el sello de nuestra condición como personas, y hace de la iglesia un espacio de recibimiento, de inclusión, una mesa siempre abierta que acoge al otro/a. Como esboza Letty Russell, la dimensión hospitalaria de la fe hace a la intrínseca relación entre iglesia, hospitalidad y justicia. "La hospitalidad es una expresión de la unidad sin uniformidad, porque la unidad en Cristo tiene como propósito

---

3 Daniel Innenarity, *Pandemocracia*. Barcelona: Galaxia Gutenberg, 2020. p. 42.

compartir la hospitalidad de Dios con el extranjero y la extranjera, es decir, con quienes son 'otros'".[4] La hospitalidad es una iglesia siempre abierta desde un sentido de trascendencia que, lejos de representar una lejanía con la historia, es más bien el llamado al acogimiento del extranjero/a como aquel o aquella "desconocido/a" que cae fuera de las normas. Un recibimiento sin condición. Un abrazo sin preguntas.

En estos tiempos pandémicos de total incertidumbre, necesitamos derrumbar los muros del prejuicio y de las falsas seguridades que predicamos en nuestras iglesias, para abrirnos a la inclusión en el sentido pleno, en su sentido de hospitalidad radical. Acoger ya no desde el podio de la jactancia, sino desde la humildad que implica reconocernos por igual en una condición que nos excede. Necesitamos una fe que nos haga huéspedes, que modifique nuestras rancias prácticas institucionales para ser comunidad en el Espíritu que se hace huésped en nuestra historia. Necesitamos iglesias hospitalarias que asuman con una sensibilidad de apertura esta realidad de incertidumbre desde una actitud teológica, desde la fe en un Dios que no evade la fragilidad, sino que la asume para hacer de ella el fundamento de una comunidad que incluye, que acoge, que deja de imponer para abrirse al servicio.

---

4 Letty Russell, *La iglesia como comunidad inclusiva*. San José: UBL/ISEDET, 2004. p. 317

CANTANDO PARA NO MORIR

JOCABED R. SOLANO MISELIS

Las casas gunas quedaron en silencio: la muerte de una, de tres, de cinco, de trece, de veintidós, de cincuenta y tres, de cientos de hermanas y hermanos gunadules. Las casas gunadules lloran la separación de su mamá, papá, abuelos, abuelas, hermanas, hermanos. Este tiempo de desolación nos tomó por sorpresa. El COVID19 ha golpeado nuestra casa.[1] ¿Cómo vivimos este dolor? ¿Cuál es el mensaje de esperanza que habita en nuestra *nega* (casa)? ¿Cómo nos unimos como comunidades gunadules a lamentarnos, pero también a recibir las fuerzas de la Gran Madre y del Gran Padre?

En varias casas gunas se escucha el canto de las abuelas y abuelos. Se entona el *Masar Igar*. Es el canto que nos enseñó

---

1 Ver la entrevista a Jocabed R. Solano Miselis, "Impacto del COVID en el pueblo Gunadule: No solo el COVID 19 es una crisis sanitaria, es una profunda crisis espiritual", en Conefe [21/1/2021]. Disponible en: https://www.conefe.net/noticias/impacto-del-covid-en-el-pueblo-gunadule-no-solo-el-covid-19-es-una-crisis-sanitaria-es-una-profunda-crisis-espiritual?fbclid=IwAR34dODTgCTub-fGtQqe26SQTY7d05xl7CCWxlPUL-BFTSwIfJMNZyZckmWE.

el sabio Ner Sibu. Se canta mientras nuestros hermanos y hermanas viajan por los ríos sagrados. Se dedica a la memoria de nuestros hermanos y hermanas que han partido a la morada Nana y Baba (la casa de Mamá y Papá). El abuelo Ner Sibu nos enseñó lo que pasa después de la muerte. La Vida y la Muerte están conectadas por el soplo de la Divinidad.

Escucha bien, hija mía, lo que te voy a cantar:

Na Bule gwenadgan bendagdii nanasmala, na bule bulagwa negsemaladi, aadi anmar welidar saoedi Babmosar. Anmar, wesig nue arbasssurmardiber, anmar ibudibe, inaduleddibe, ieddibe..., binsa anmar arbasayobi gudmarsunnoe.

(Traducción: La comunidad es la que nos posibilita la alegría en la casa del Gran Padre y de la Gran Madre. Si no servimos debidamente a la comunidad, nuestro nombre de inaduled...,[2] no nos va a hacer felices, y habremos perdido tiempo en esta tierra).

Los gunadules sabemos que, al morir, nos unimos con Mamá Tierra y nuestra sangre se mezcla con Nabgwana (Madre Tierra). Estamos sobre ella y ella nos acogerá en su seno, y entonces nuestra sangre volverá a formar parte de su sangre. Nuestros huesos, nuestra sangre, nuestros cabellos quedarán fundidos con los de la Madre Tierra. De allí surgimos y allá volveremos como parte de ella. Y es en este viaje hacia los

---

2 Inaluded es una persona conocedora de plantas medicinales, la que cura.

ríos sagrados que somos transportados/as para conocer esta morada donde se reconcilia la vida y la muerte por la presencia de Mamá y Papá.

La nación gunadule somos un pueblo que en los distintos momentos cantamos para no morir. Hemos cantado en tiempos de lluvia y de sequía, en tiempo de invasión y de paz, en tiempo de genocidio y de resistencia, en tiempo de marginación e insurgencia. Somos las hijas y los hijos de Mamá y Papá que cantamos para no morir. Nuestras memorias nos recuerdan cómo la Divinidad ha estado con nosotras y con nosotros. De la misma manera que el pueblo de Israel, quienes en su memoria recuerdan los hechos de su Dios que los libró de la muerte, y que en los Salmos recuerdan estas memorias de lamento y esperanza que mantienen viva una nación; una nación que comprende que la vida y la muerte están entrelazadas por el soplo de la Ruah. Han sido los salmos de las memorias del pueblo gunadule los que nos han mantenido para dar esperanza en tiempos de angustias. Como nación gunadule, no estamos separados unos de otras frente al dolor y la esperanza. Sabemos que somos un solo pueblo con identidad y memoria y que es en la comunidad (y en comunidad) que podemos resistir.

EL CANTO: LAMENTO Y ESPERANZA DE UN PUEBLO, DE LOS PUEBLOS DE DIOS.

Salmo 42

¿Dónde está tu Dios?

Las lágrimas corren por mi rostro y, como río, inundan la Tierra.

Y aunque hay mucha agua, mi ser no se sacia.

Mi cuerpo anhela como el caminante en busca de un lugar seguro en las tierras gunas, emberá. En las tierras que hoy tienen fronteras por los estados panameños y colombianos.

Como el migrante en las montañas que no encuentra qué tomar, mi cuerpo tiene sed de ti, oh, Creador.

Parece que los fantasmas de ayer se hacen presentes hoy.

Recuerdo la invasión, el genocidio, la muerte de miles de hermanas y hermanos. Huyendo de los enemigos hacia las montañas, buscando refugio, mientras otros se enfrentaron y resistieron.

¡Como la cierva anhela el agua! Es una sed insoportable la que tengo. Mis huesos duelen, mi ser está desanimado, lloro de la angustia.

Mi convivencia contigo, Dios, produce deseo de ti, pero te busco y no te encuentro, parece que juegas a la escondida y produces en mí desesperación.

Las muertes de miles de personas en el mundo, la angustia, la injusticia producen dolor.

¿Cuándo entraré a ver el rostro de Dios? ¿Cuándo veremos tu rostro, Dios?

El maíz que comía, el cacao que bebía, la chicha que me preparaba. ¿Dónde están las semillas que producen vida? Voy a mi chacra y la Tierra no da frutos.

Mis enemigos se burlan. Parece que los "poderosos" nos oprimen y se burlan en nuestros rostros. Y nos interpelan:

¿Dónde está su creador?

Mis lágrimas son la tortilla de día y de noche.

Porque veo a mis hermanas y hermanos indígenas muriendo. No solo por el COVID19; mueren por otras pandemias:

la indiferencia, el egoísmo, el consumismo.

El extractivismo hacia Nabgwana (Madre Tierra), incluyéndonos a nosotros en ella.

Estamos exiliados en nuestra propia tierra por causa del sistema opresor neoliberal. Y los dueños de este sistema nos preguntan "¿dónde está su Dios?".

Se burlan de nosotros, porque confiamos en Dios y esperamos que nos libre del mal.

Recuerdo el cuidado de la Gran Madre hacia nosotras desde el principio de la vida.

Dios ha estado en el ciclo de la vida y en la muerte; mientras cruzamos los ríos sagrados, allí está Dios.

Recordando su amor, me desahogo conmigo. Me acuerdo de cuando danzaba en la Tierra, que es el lugar sagrado donde habita el Gran Espíritu. Allí en la Tierra, que es tu morada, tenía una ceremonia solemne para ti con los hermanos y las hermanas.

Con gritos de celebración, de gratitud al Gran Espíritu, a nuestra Gran Madre, a nuestro Gran Padre, acercábamos nuestras ofrendas a la Tierra en honor a ti, Creador. Los pueblos indígenas del Abya Yala danzábamos unidos y nos uníamos a tu danza, en esta ceremonia con la que dábamos honor a ti.

Pero hoy, en vez de celebrar, se escucha el llanto de nuestras hermanas, de las niñas, de los niños.

Mi cuerpo sigue abatido y le pregunto a mi ser "¿por qué mi cuerpo está angustiado?".

¿Por qué los angustiadores se burlan de nosotres?

Explotan la tierra, violan a nuestras mujeres y niñas. Y esta es la más grande Pandemia: la falta de amor hacia el prójimo y la prójima.

¿Por qué está gimiendo? Nos estremecemos junto con la Tierra, porque somos parte de ella.

Y mientras me pregunto sobre esta realidad, recuerdo su amor y misericordia.

Esperar en Dios ha sido el secreto para la resistencia de nuestros pueblos. Hoy de nuevo, levantamos el humo sagrado y cantamos al Creador.

Tú eres nuestro curador, Salvador de nuestro rostro, Dios nuestro.

Cuando mi cuerpo se angustia, entonces te recuerdo en la montaña sagrada, desde Targagunyala, en la montaña de Duiren. Una cima grita a otra cima.

Del río Tuira y Chucunaque con todas sus fuerzas se escuchan las corrientes de agua que me han arrollado.

De día, cuando el abuelo sol sale, me brindas tu amor.

Cuando a la noche la luna ilumina nuestros senderos, me acompaña tu canción y yo la escucho en el viento. La canción al Dios de nuestra vida.

Por eso diré: Oh Dios, Roca mía.

¿Por qué me has olvidado? ¿Por qué he de andar
cabizbaja, acosada por el enemigo?

Por el quebranto que causan las pandemias, nuestros
adversarios se burlan. Todo el día me repiten:
¿Dónde está tu Dios?

Y cuando nos decidimos, seguimos confiando en Dios,
porque en nuestra memoria colectiva está presente
tu favor hacia nosotros y nosotras. Porque al recordarnos en tu rostro de Dios, reconocemos la salvación de nuestro rostro indígena.

Recordamos cómo te haces presente en el fuego y nada
te consume ni nada te destruye. Los pueblos indígenas del Abya Yala veremos tu rostro.

Por eso, damos gracias, Salvador de nuestros rostros indígenas.

ENTRELAZANDO LOS CANTOS. CANTO DE VIDA

Y es cuando nos reconocemos frente a nuestro dolor
que podemos trabajar juntas y juntos para seguir apoyándo-
nos; la comunidad guna trabajó con los jóvenes para apoyar
a las islas que tienen mayor necesidad. Compartieron sus co-
sechas, la pesca, en las ciudades se recolectó dinero: gunas
ayudando a sus hermanos y hermanas. Orando, cantando,
donando, creando formas para dar alimento a los y las que
no tienen qué comer. Se unió el trabajo del campo, como las
redes sociales de quienes viven en las ciudades, para apoyar a
las comunidades gunadules. Solo cuando cantamos viviendo,

no moriremos. Allí está la fuerza de nuestra espiritualidad de servir al prójimo y a la prójima, nuestro mayor canto de amor.

Nuestras hermanas y hermanos viajan por los ríos sagrados y los cantores cantan el Masar Igar, que acompaña el recorrido sagrado hasta llegar a la casa de Nana y Baba.

En una casa gunadule se escucha el canto de la abuela, que yace en su hamaca, en la lengua ancestral. "*Ai ye, degi ye. Nana Burba bala mide, nued itomalo, degi ye*". ("Hermana, hermana. Escucha lo que La Gran Madre nos dice. Escucha bien. Cantamos para no morir").

- A N E X O -

PISTAS BÍBLICAS PARA CONTINUAR PENSANDO EN DIOS Y LA SALUD-SALVACIÓN

MERCEDES L. GARCÍA BACHMANN

"¿Y qué dice la Biblia sobre esto?". Confieso que esta es una de las preguntas que más temo, puesto que contestar con unas pocas palabras ignora el complejo proceso de traducción e interpretación que requiere cualquier respuesta. Así y todo, frente a la pandemia de la COVID-19, es inevitable que la persona de fe se pregunte por el sentido de la misma y busque respuestas en sus tradiciones. Sin embargo, antes de hablar sobre "la Biblia y la pandemia" se hace necesario conocer las razones que hacen tan compleja cualquier respuesta.

LA GRAN DISTANCIA ENTRE "LO QUE DICE LA BIBLIA" Y NUESTRO HOY

Primero, correlacionar la Biblia con la temática de la pandemia causada por el coronavirus desde principios de 2020 no puede hacerse de modo automático, porque, ¿qué compararíamos: plagas, una enfermedad, la sensación de que lo que nos aflige "llenó toda la tierra"? La humanidad y la creación toda han sufrido y sufren enfermedades y pestes desde el comienzo de los tiempos y, algunas de ellas, como la malaria o el dengue, todavía afectan a gran número de pueblos en nuestras tierras. Si bien es cierto que la gran mayoría de quienes vivimos hoy no experimentamos otra "peste" anteriormente, no es la primera que afecta al planeta. ¿Compararíamos entonces la sensación de indefensión que por primera vez en muchos años asola a quienes hasta hace poco tiempo creíamos que todo estaba bajo control, que podíamos planificar trabajo o viajes con años de anticipación? ¿O compararíamos la medicina usada en casos sanitarios registrados en la Biblia con la medicina actual? ¿Atribuiríamos la plaga a la desobediencia a Yavé, como hace el Deuteronomio o diríamos, como Job, "muéstrenme de qué soy culpable"?

La Biblia conoce las crisis, la enfermedad, las penurias (entre ellas, las socioeconómicas, las políticas y las climáticas), la guerra, el hambre y las relaciones conflictivas; y a menudo responde a estas experiencias con salmos u oraciones. Entonces, podríamos preguntarnos por la percepción de la fidelidad de Dios según se expresa, por ejemplo, en las oraciones de Moisés (Números 21:17) o Ana (1 Samuel 1-2), el salterio, la oración de Jesús en Getsemaní (Marcos 14) o en el escrito neotestamentario más tardío (Apocalipsis 22:20). Notaríamos variaciones propias de la época y las características de quien escribe; pero más allá de las épocas, la certeza de la fidelidad inmerecida de Dios para con su creación recorre ambos testamentos. Y en fe, podemos decir que no se terminó con el punto final del versículo recién citado de Apocalipsis. Como expresa el Salmo 136, "para siempre es su fidelidad" (ver también Jeremías 33:10-11).

A veces, el pueblo de Dios (Israel y la Iglesia) expresa una sensación de haber sufrido el abandono y, otras, puede confiar en su Dios a pesar de que las evidencias parecerían desmentir tales certezas. La Iglesia cristiana aprendió sus oraciones más básicas (la acción de gracias, la alabanza y la petición) de Israel, que a su vez las trajo de su entorno y las adaptó a su teología.[1] Por supuesto, la fe que pudiera tener una persona en los tiempos bíblicos no es la misma que la fe cristiana contemporánea, aunque comparta muchos elementos con ella, como "el temor del Señor", la confianza en la misericordia, la justicia y la salvación de Dios (o la sensación de abandono de parte de Dios frente a las tragedias personales, comunitarias y globales).[2]

Segundo, es imposible ofrecer en unas pocas páginas una visión completa de los campos semánticos de la enfermedad, la plaga o los desastres naturales. La Biblia menciona terremotos, fuego destructor, vientos incontrolables, plagas, sequía, inundaciones, enfermedades de distinto

---

1 Israel no inventó la plegaria: una antigua fórmula babilónica reza, por ejemplo: "Desde lejos te llamo ¡escúchame de cerca!", Werner R. Mayer, "Ich rufe dich von ferne; Höre mich von nahe!", en Reiner Albertz, ed. *Werden und Wirken des Alten Testaments: Festschrift für Claus Westermann* (Vandenhoeck & Ruprecht, 1980), 302-317.

2 Es importante mencionarlo frente a la aplicación automática, pero selectiva, que hace el fundamentalismo de ciertos principios o temas bíblicos, ignorando la enorme distancia cronológica y cultural entre la Biblia y sus intérpretes hoy. Además de esta distancia, está la dificultad de comparar un fenómeno dinámico y plural, la "fe contemporánea", con el testimonio de una serie de textos.

tipo, efectos devastadores de la guerra sobre poblaciones y naturaleza, y otros males sufridos a lo largo de siglos. Warren Robertson ha estudiado algunas de estas catástrofes, así como las distintas respuestas bíblicas y arqueológicas a los mismos. El estudio de Robertson es muy útil porque traza tanto la *doxa*, la percepción común de que el sufrimiento es castigo, como otras variaciones a la misma. Por ejemplo, Qohelet (3:16) afirma que reina la injusticia, Job desafía el prejuicio de sus amigos y Esdras (9:13) cree que el castigo del exilio no fue suficientemente duro.[3]

Tercero, aunque tuviéramos el espacio para hacer una recopilación semántica, nos daríamos cuenta de que, a menudo, falta una correlación directa entre los significados de un mismo término en los idiomas originales (hebreo, arameo o griego) y su significado corriente actual, en nuestro caso, en castellano.[4] Pero aún superando estas dificultades, enfrentaríamos otras. Porque, como nota Worsley, "todo el mundo busca evitar la mala fortuna", recurriendo a diversas explicaciones y remedios;

---

3 Warren C. Robertson, *Drought, famine, plague and pestilence: Ancient Israel's understandings of and responses to natural catastrophes* (Piscataway: Gorgias Press, 2010). En el Nuevo Testamento podemos identificar, por ejemplo, el cuestionamiento de Jesús a la creencia popular de que quienes sufrieron una muerte más traumática eran más pecadores que otros/as (Lc 13:1-5, Jn 9:2-3).

4 La raíz *JLH*, en hebreo, y la etimología de "enfermedad", en los idiomas latinos, indican una condición de debilidad o falta de firmeza, más que una "alteración o desviación del estado fisiológico en una o varias partes del cuerpo, por causas en general conocidas, manifestada por síntomas y signos característicos, y cuya evolución es más o menos previsible". (Esta definición aparece en numerosos sitios web, por ej. https://tratamientoyenfermedades. com/definicion-enfermedad-oms-concepto-salud/ como la definición de la Organización Mundial de la Salud, pero no hay fuente primaria que la confirme). Ver Sara Herrero Jaén, "Formalización del concepto de salud a través de la lógica: impacto del lenguaje formal en las ciencias de la salud", *Ene* (Sta Cruz de La Palma) 10 n° 2 (2016), accedido 15/1/2021, http://scielo.isciii.es/scielo.php?script=sci_arttext&pid=S1988-348X2016000200006&lng=es&nrm=iso. En cambio, mientras que en castellano "plaga" indicaba originalmente un aumento desproporcionado de un ser vivo en detrimento del medio ambiente (langostas, ratas, moscas), varios términos hebreos traducidos como "pestilencia" o "plaga" (por ej., *nega^c*, en Ex 11:1, y *maggefá*, en Ex 9:14) tienen la connotación de algo que golpea, como se ve en Dt 21:5.

la mala fortuna es, además "comúnmente atribuida a algún tipo de ofensa contra valores culturales y normas sociales".[5] Si la mala fortuna personal o comunitaria puede atribuirse a la contravención de normas sociales, entonces estamos ya en el ámbito de la cultura, no de lo natural. Dicho en otros términos, no estamos buscando virus sino fenómenos sociales y explicaciones a lo que parece estar fuera de nuestro control. "La cultura no flota, etérea, sobre la catástrofe".[6] La catástrofe no fluye independiente de sus posibles interpretaciones. Más allá de nuestra postura individual sobre la correlación entre calamidad y transgresión, es importante reconocer que somos parte de diversas cosmovisiones que incluyen expectativas y prohibiciones, recompensas y castigos, que resurgen fantasmagóricas con la mala fortuna.[7] La correlación entre calamidad y transgresión a menudo es caricaturizada, por ejemplo, en la predicación del "evangelio de la prosperidad".[8] Y también por actitudes supersesionistas, que señalan al judaísmo como legalista o meritocrático, mientras que la iglesia es dueña de la gracia divina. Sin discutir ahora la

---

5 John Pilch, "Understanding Healing in the Social World of Early Christianity", *Biblical Theology Bulletin* 22 (1992): 26, citando a Peter Worsley, "Non-Western Medical Systems", *Annual Review of Anthropology* 11 (1982): 315-348.

6 Michael E. Moseley, "Confronting Natural Disasters", en Garth Bawden y Richard Martin Reycraft, eds. *Environmental Disaster and the Archaeology of Human Response* (Albuquerque: University of New Mexico, 2000), 219, citado por Robertson, *Drought, famine, plague and pestilence*, 1.

7 Entiendo que se trata de diversas cosmovisiones superpuestas, porque en nuestro contexto argentino actual encontramos, por ejemplo, quienes piensan que si no reciben la absolución sacerdotal serán condenados/as, quienes condenan a otras personas por su identidad de género u otras posturas que consideran amorales, quienes acuden a la magia negra, la astrología o la terapia de vidas pasadas, quienes están contra las vacunas o el tapabocas, quienes se psicoanalizan, quienes dejaron atrás toda creencia religiosa institucionalizada y quienes siguen acercándose a santuarios populares en busca de ayuda o en gratitud.

8 Wanda Deifelt, "Teologia luterana como desafio ao fundamentalismo religioso e à teologia da prosperidade", *Estudos Teológicos* 57 nº 2 (2017): 333-349, http://dx.doi.org/10.22351/et.v.57i2.3138 [acceso: 22/1/2021].

relación de la Torá con Jesucristo y la del judaísmo con el pueblo injertado, vale la pena recordar que la Iglesia reconoce la Escritura judía como parte de las suyas.[9] No solo eso: los Diez Mandamientos están entre las porciones de la Torá que continuamos enseñando y a las que seguimos suscribiendo. Además, comenzamos nuestras liturgias dominicales con la confesión de pecados y la absolución porque reconocemos que la posibilidad de *shalom*, de armonía y salud-salvación en el sentido amplio está ligada, tanto para Israel como para la Iglesia, a la relación viva con "Yavé tu Dios, que te sacó de la tierra de Egipto, de casa de esclavitud" (Dt 5:6) y estableció un pacto con su pueblo. Y, frente a su santidad, no nos queda más que clamar, como Isaías, "soy de labios impuros y vivo entre gente de labios impuros" (Is 6:5). Isaías fue cambiado para siempre por esta teofanía; sus labios fueron purificados por un mensajero divino y su vocación profética se hizo ineludible.

CUANDO LA RELACIÓN NOS TRANSFORMA - ¡HAY SHALOM DE DIOS!

El encuentro con Yavé nos transforma, sin duda. Y la relación entre Dios y su pueblo, ¿transforma también a Yavé? Considerando esta pregunta, Brueggemann ofrece tres ejemplos (Éxodo 32-34, Oseas 2 e Isaías 54), en los cuales el compromiso divino con Israel se hace más explícito a partir de una crisis profunda.[10] A pesar de las duras consecuencias de sus

---

9 Sobre el creciente desconocimiento del Antiguo Testamento en gran parte de la iglesia ver, entre otros, Ellen F. Davis, "Losing a Friend: The Loss of the Old Testament to the Church", en Alice Ogden Bellis y Joel S. Kaminsky, eds., *Jews, Christians, and the Theology of the Hebrew Scriptures* (Atlanta: Society of Biblical Literature, 2000), 83-94; Matthew Schlimm, *Esta extraña y sagrada Escritura* (Bs. As.: JuanUno1, 2021).

10 Walter Brueggemann, "Crisis-Evoked, Crisis-Resolving Speech", *Biblical Theology Bulletin* 24 (1994): 101 se pregunta: "La fidelidad de Dios a Israel, ¿existe previo a la crisis y persiste a través de la crisis o la fidelidad de Dios crece profundizándose solamente en medio de la crisis?" y opta por la segunda, "que la fidelidad de Dios a Israel crece en mayor

actos (muerte o exilio, la pérdida de la tierra, el templo y el rey), los escribas, sacerdotes y profetas del posexilio percibieron que la última palabra es la renovación del pacto de parte de Yavé, no el abandono definitivo. Los escritos veterotestamentarios que aluden a este período tan traumático de Israel son claros en atribuirse las desgracias que les sobrevinieron a su desobediencia colectiva a la Torá. Esto es importante porque ofrece una perspectiva equilibrada, sin culpabilizar a terceras personas ("sufre porque le falta fe o porque es pecador/a"), enfocándose en su responsabilidad colectiva y sin un perdón "barato" de Dios.

La relación entre la salud-salvación y la obediencia también es enfatizada en otros textos de la Biblia. Uno de mis favoritos está inmediatamente después del canto del Mar, a la salida de Egipto (Ex 15:22-27). Esta es una historia de comienzos, positivos y negativos. Israel acaba de salir de la esclavitud y uno de los primeros lugares a los que arriba, después de tres días de marcha, tiene agua "amarga". En libertad, esta es la primera historia de un milagro a favor de Israel, la primera etiología (*Mará* significa *amargo*) y también la primera murmuración de su parte. Pero también es la historia de una nueva manifestación del nombre divino: Yo soy tu sanador o quien te sana, afirma Yavé (v. 26). La raíz hebrea es *RP'*, de donde viene el nombre Rafael, "Dios sanó".[11]
Aunque es un texto sencillo y de fácil comprensión, evidencia

y más intensa medida solo en y a través de la crisis, de modo que aún la propia predilección de Yavé para con Israel está determinada de forma importante por su contexto. [Me inclino] a jugar con la noción de que Israel comprende que algo decisivo le pasa a Yavé en y a través del drama del texto".

11 Shawn Zelig Aster, *Reflections of Empire in Isaiah 1–39: Responses to Assyrian Ideology* (Atlanta: SBL Press. 2017), 74 afirma que en las ocasiones en que no se trata de una enfermedad física (como Isa 6:10b y Os 14:5), *RP'* es "perdonar", derivado de la potestad real acádica de indultar a un súbdito infiel.

varios momentos de redacción. El versículo más importante para nuestro tema es el v. 25, donde Yavé le muestra a Moisés cómo darle agua potable al pueblo. En el texto hebreo el único nombre es el de Yavé:

> *Y él clamó a Yavé y le mostró Yavé un árbol y tiró al agua y se endulzó el agua allí. Allí (hubo) para él estatuto y justicia y allí lo puso a prueba.*[12]

El referente inmediato del primer pronombre personal masculino singular puede ser tanto Moisés, como el mismo pueblo que había acudido a Moisés. Se suele interpretar que Moisés es sujeto de ambos verbos (clamar y "curar" el agua); y es posible, pero es una interpretación que afecta la interpretación de la última parte del versículo: ¿para quién hubo legislación y derecho?[13] ¿Para Moisés o para el pueblo, o aun para Yavé? ¿Quién puso a prueba a quién? ¿Y cuál es la relación entre la promulgación de legislación y la muestra del poder de Dios de sanar? Más allá del proceso editorial por el cual esta oración quedó en medio de esta narración (recuérdese que Israel no ha llegado al Sinaí, apenas ha salido de Egipto), el v. 26 explicita esta relación: Si obedeces, no te afligiré.[14]

Otro texto pertinente para una reflexión sobre la relación entre Yavé y nuestra salud-salvación es el canto

---

12 La *Nueva Biblia de Jerusalén* (4ª ed. revisada y ampliada. Bilbao: Desclée De Brouwer, 2009) traduce: "Entonces Moisés invocó a Yahvé, que le mostró un madero. Moisés echó el madero al agua, y el agua se volvió dulce. Allí le dio decretos y normas y lo puso a prueba".

13 Así traduce *El Libro del Pueblo de Dios*, http://www.vatican.va/archive/ESL0506/__P1V. HTM [consulta: 22/1/2021].

14 Kåre Berge, "Didacticism in Exodus? Elements of Didactic Genre in Exodus 1-15", *Scandinavian Journal of the Old Testament* 22 (2008): 3-28.

de Moisés que cierra el Pentateuco. En Dt 32:39 leemos, literalmente:

Vean ahora que yo, yo soy Él y no hay otros dioses conmigo. Yo hago morir y hago vivir, yo hiero y yo sano y nadie de mi mano libra.[15]

La afirmación se da en el contexto de la polémica contra la adoración de otras divinidades además de Yavé. El judaísmo posexílico es muy claro en su postura monoteísta, pero el pre-exílico no es monoteísta sino, en el mejor de los casos, monolátrico: reconoce la existencia de numerosas divinidades pero debe adorar solo a Uno. En ese contexto, Yavé espera que Israel reconozca que vida y muerte, salud y golpe, provienen de él. Israel no debe acudir a distintos altares para negociar. Solamente debe confiar en su Dios, que sacó a Israel de Egipto y lo llevó a la tierra prometida, dando innumerables muestras entre ambos eventos de su poder, su amor y su fidelidad. La vida y la muerte, la plenitud y la vulnerabilidad y todo lo que ocurre entre ambos términos de cada binomio ocurren porque Yavé lo permite. No son parte del caos, sino del plan divino, que requiere, de parte de Israel, reconocimiento. El canto no

---

15 El texto puede traducirse de varias maneras: "Miren bien que yo, solo yo soy, y no hay otro dios junto a mí. Yo doy la muerte y la vida, yo hiero y doy la salud, y no hay nadie que libre de mi mano" (*El Libro del Pueblo de Dios*). Las fórmulas "yo sano y yo hiero" y "yo hago vivir o mato" no aparecen en la Biblia con la misma formulación; sin embargo, se ha detectado una influencia importante de este versículo en Is 43:13. Ver H. G. M. Williamson, "Deuteronomy and Isaiah", en Jason S. DeRouchie, Jason Gile y Kenneth J. Turner, eds. *For Our Good Always: Studies on the Message and Influence of Deuteronomy in Honor of Daniel I. Block* (Winona Lake: Eisenbrauns, 2013), 264; Shalom M. Paul, "Deuteronom(ist)ic Influences on Deutero-Isaiah", en Nili Sacher Fox *et all.*, *Mishneh Todah: Studies in Deuteronomy and Its Cultural Environment in Honor of Jeffrey H. Tigay* (Winona Lake: Eisenbrauns, 2009), 219-227.

enfatiza obediencia a la Torá, sino confianza en Yavé y gratitud por su constante cuidado de Israel.[16] Es esa historia de cuidado y de relación la que debe llevar a Israel a obedecer toda la Torá, la enseñanza de Yavé, proclamándola y enseñándosela a las siguientes generaciones: "Sus hijos, que todavía no la conocen, la oirán y aprenderán a respetar a Yahvé vuestro Dios..." (Dt 31:13).

Para culminar esta breve incursión por algunos pasajes bíblicos, propongo un librito que a primera vista no tiene nada que ver con la temática de esta obra. En Jonás, la relación entre Yavé y su pueblo es desafiada por el propio Yavé, al enviar a su profeta Jonás a predicar a Nínive, cuya maldad ha llegado hasta Yavé. Cuando Jonás finalmente obedece, entra a la ciudad y anuncia que en cuarenta días sería *nehpakê* (Jon 3:4). El verbo puede interpretarse en el sentido de "destruir" o puede significar "cambiar". En cualquier caso, Nínive escucha, cree en Dios, se arrepiente y busca el perdón divino.

Dios vio sus acciones y cómo se convertían de su mala conducta, se arrepintió del mal que había anunciado contra ellos y ellas, y no lo ejecutó (3:10).

---

16 "Ahora escribid para vuestro uso el cántico siguiente. Enséñaselo a los israelitas, ponlo en su boca para que este cántico me sirva de testimonio contra los israelitas, cuando los haya introducido en la tierra que bajo juramento prometí a sus antepasados, tierra que mana leche y miel, cuando hayan comido, se hayan hartado y hayan engordado, y se vuelvan hacia otros dioses y les den culto, y a mí me desprecien y rompan mi alianza" (Dt 31:1922, *Nueva Biblia de Jerusalén*). Ver Olga A. Gienini, *La figura del Paráclito en las versiones griegas y arameas de la Biblia Hebrea* (Tesis doctoral. Buenos Aires: Universidad Católica Argentina, 2020), 28-41 sobre Yavé restaurando a sus siervos(as) en el v. 36a, otra imagen salvífica importante.

En esta pequeña parábola, tanto la relación entre Yavé e Israel como la relación entre transgresión y desgracia adquieren un tinte distinto. Por un lado, Israel debe enfrentarse a la pregunta con la que termina el libro: "¿No iba yo a compadecerme de Nínive, la gran ciudad, en la que viven más de 120 000 personas que no conocen (distinguen) su mano derecha de su izquierda –y también muchos animales?" (Jon 4:11). Y, de responder afirmativamente, debe considerar cómo la gracia divina se extiende aun a los enemigos tradicionales. Por otro lado, la relación entre transgresión y catástrofe también adquiere otro matiz que el visto en Exodo 15 o en Deuteronomio 32. Nínive no está sujeto a la alianza en el Sinaí, pero es capaz de cambiar su conducta injusta. La ciudad no vivió las grandes maravillas que Dios hizo por su pueblo desde Egipto en adelante, pero puede creerle, arrepentirse y esperar misericordia. Y si bien el veredicto final es que es una gran urbe en la cual ni la gente ni las bestias saben diferenciar bien de mal, por otro lado también nos dice que, al ver cómo se convertían, Yavé cambió de opinión y decidió no proceder con el plan de destrucción. Es otra historia para agregar a las enumeradas por Brueggemann, en donde Yavé renueva el compromiso a favor de un pueblo (¿su pueblo?) después de una gran crisis.

Esta reflexión solamente ofrece unas pocas pistas al calor de la crisis desatada por la pandemia de COVID-19. Sin pretender agotar todos los textos, cuestiona la facilidad con la que a menudo intentamos ligar un texto bíblico con la realidad actual. No es que el texto bíblico no pueda hablarnos, ¡por supuesto que lo hace! Pero hay mediaciones hermenéuticas necesarias para un buen diálogo con el pasado y con el pueblo de Dios en la Biblia. A partir de estas mediaciones, he ofrecido algunas reflexiones desde tres textos (Ex 15:22-27, Dt 32:39 y Jonás) relacionados con el *shalom* divino, con la plenitud de vida que Yavé ofrece aun a Nínive. Y porque el *shalom* divino es mayor y mejor que la mera salud (¡a pesar de lo que valoramos tener salud!) y en la Biblia esta última está ligada a la acción salvífica de Yavé, la he combinado con la salvación.

También en medio de esta pandemia podemos encontrar o mantener una relación de salud-salvación con Yavé, Dios de Israel, de Jesucristo y de la Iglesia.

LA ESPERANZA DE QUE LA "DISLOCACIÓN" NOS "RE-LOCALICE"

ALAN ELDRID

Luego del recorrido por la amplia variedad de miradas y reflexiones que nos han ofrecido con mucha generosidad autoras y autores de diversos lugares y diversos contextos, están las páginas en blanco que, por razones editoriales y hasta ecológicas, serán virtuales en la imaginación de cada uno/a de nosotros/as. En estas páginas en blanco escribimos nuestras propias experiencias y relatos en medio de esta pandemia del COVID-19.

Es muy posible que la lectura la estemos realizando una diversidad mayor aún que la representada por los capítulos de este libro; también somos parte de esta experiencia que nos afecta como comunidad grande, planetaria. Es por esto que nuestras páginas con nuestros relatos e historias también pertenecen a esta obra, en conversación con las páginas de otras y otros.

La obra misma nos desafía a ser simultáneamente co-lectoras y co-lectores, para ser también coautoras y coautores. No somos simplemente espectadores/as de la pandemia, sino que esta nos atraviesa en todas las dimensiones de nuestras vidas.

La pandemia, nuestra pandemia, nos ha "dislocado"; nos ha movido de los lugares acostumbrados, tanto de los físicos como de nuestra naturalidad ante lo que llamamos realidad y sus acontecimientos. La pandemia ha mostrado con mayor crudeza las injusticias, la explotación y la vulnerabilidad. Nos lleva a replanteos. Nos "disloca" incluso con el dolor de una configuración ya acostumbrada, pero que ha sido abierta a preguntas. Hemos tenido que reaprender, como personas, como vecinos, como comunidades de fe. Esto nos lleva a volver a preguntarnos por lo importante en medio de tanto que es accesorio y que establece una nube que desdibuja lo primordial. Nuestra pandemia nos "disloca", y toda dislocación es dolorosa; nos coloca en la tensión entre la añoranza de tiempos pasados que recordamos como mejores y futuros inciertos que contienen pistas de lo que puede ser lo importante, pero que el acostumbramiento ha opacado con el paso del tiempo.

Para las comunidades de fe se ha presentado la necesidad de las salidas creativas, muchas de ellas con reminiscencias de experiencias de otros tiempos. Hemos recordado que la iglesia no son los edificios o los santuarios, sino la comunidad que es congregada por el Espíritu. No son los santuarios o los templos, sino comunidad templo del espíritu, donde se predica esa Buena Noticia de una creación renovada, en donde se comparte solidariamente la comida a fin de que nadie quede con hambre. Allí se manifiesta de manera especial la gracia de Dios.

La pandemia ha puesto sobre la mesa lo que habíamos logrado ocultar; ha puesto sobre la mesa que, en muchos casos, lo "normal" es a lo que nos hemos acostumbrado, lo que se ha construido tras años de normalizar las injusticias. Es en este sentido que la pandemia nos ha dislocado, nos ha movido de los lugares comunes y al menos ha colocado alguna pregunta sobre la presunta bondad de esos lugares. La lectura de este libro, pequeño muestreo de muchas otras historias y también de las que, por los más diversos motivos, no están contenidas en él, nos ayuda en el relato que escribimos día a día en las páginas imaginarias que la y el editor nos dejaron disponibles. ¿Saldremos más solidarios/as? ¿Estaremos dispuestos y dispuestas a renovar tanto nuestro hablar como nuestro actuar? Como iglesias y comunidades de fe, ¿tendremos el horizonte del Reino de Dios y su justicia en todo nuestro hacer y anunciar? ¿Aprenderemos a dejar lugar aún en esas páginas en blanco imaginarias para que otros y otras también escriban, pensando especialmente en las voces que no están dentro de esta obra?

Nuestro pequeño libro no puede contener todo, pero deja el desafío de escribir algo más, de sumar relatos. Como obra, es casi un devocionario en el cual se puede entrar por cualquiera de sus capítulos; se puede leer como totalidad o no, e incluso en un orden diferente al que nos propone su índice.

Lo que esta obra no hace es ocultar; no romantiza el pasado. Antes bien, descubre en las diversas experiencias y relaciones que es muy posible que ese pasado tan inmediato y tan lejano se construya sobre la base del sufrimiento, la explotación y la injusticia de muchas y muchos. Tampoco se romantiza la pandemia; no somos todos/as iguales ni estamos en la misma situación. No es lo mismo estar aquí, sentado al escritorio, redactando el epílogo de un libro, que estar en una barcaza en el mediterráneo, huyendo para salvar la vida, o donde se encuentre la mayor vulnerabilidad de mujeres y niñas sujetas a todo tipo de explotación, que se vuelve aún mayor en la pandemia. Lo que sí se nos ofrece, y estas páginas han colocado la luz que traen las preguntas transformadoras, es la posibilidad de mirar lo naturalizado y encontrar en esta "dislocación" las oportunidades de permitir que seamos relocalizados y relocalizadas en una historia renovada.

No leemos ni escribimos desde lugares neutros: constantemente percibimos atravesados y atravesadas por todo nuestro sistema de valores y creencias. Estas páginas, como otro pequeño aporte en medio de muchos relatos y miradas, son también una advertencia de que no hay relocalización sin la interrelación con las personas y los relatos. Una posible relocalización es un producto interrelacionado y en constante modificación que no ocurre sin un lenguaje que, para las personas de fe cristiana, solo puede referenciarse en el Reino de Dios tal como lo anuncia Jesús, el Cristo.

Nuestras autoras y autores nos ayudan en la difícil tarea de comprendernos en una relación con las otras y otros, donde el bienestar sostenible requiere tomar alguna distancia de creernos el centro del mundo y permitirnos que la dislocación pueda llevarnos a una "re-localización" en el horizonte de la esperanza de ese otro mundo posible aquí y ahora, mientras aún estemos a tiempo.

SOBRE QUIENES PARTICIPARON DE ESTE LIBRO

EDITORXS

Mercedes L. García Bachmann. Es pastora de la Iglesia Evangélica Luterana Unida (IELU, Argentina-Uruguay) y doctora en teología. Tiene más de 20 años de experiencia docente en numerosas instituciones. Actualmente dirige el Instituto para la Pastoral Contextual de la IELU. Si quiere comunicarse con la editora: mercedes.garcia.bachmann@ielu.org.ar

Hernán Dalbes. Es director de publicaciones de JuanUno1 Publishing House, pastor en la Iglesia Misión Gracia y Libertad (Argentina) y Vicario en la Iglesia Evangélica Luterana Unida (IELU, Argentina-Uruguay). Docente de nivel primario, medio y superior, con una especialización en educación de jóvenes, adultos y adultas (Andragogía. IPLAC). Si quiere comunicarse con el editor, escriba a la editorial: ediciones@juanuno1.com

AUTORXS

Álvaro Michelin Salomon. Pastor valdense, Doctor en Teología y Profesor de Teología Práctica en la Red Ecuménica de Educación Teológica (REET). Fue docente de Teología Práctica en el I.U. ISEDET. También lo fue en la Escuela Bíblica de la Acción Apostólica Común en Chaco. Escribió, con Wilma Rommel, tres libros de estudios bíblicos. Si quiere comunicarse con el autor: alvaro.michelin.salomon@gmail.com

Bruno O. Knoblauch. Pastor de la Iglesia Evangélica del Río de la Plata (IERP). Desarrolló su llamado para la misión en varias congregaciones de Argentina. Colaboró activamente en relaciones ecuménicas. Su ministerio tiene un significativo énfasis central en promover la inclusión de personas con discapacidad en el ámbito de las iglesias y en la sociedad. Si quiere comunicarse con el autor: brunoka2011@gmail.com

Carmen Kingsley. Ministra de Niñez en la iglesia St Luke's Lutheran Church of Logan Square, Illinois, EEUU. Tiene una Maestría en Sagradas Escrituras del Isedet. Para comunicarse con la autora: carmen@stlukesls.org

Daylíns Rufín Pardo. Cubana. Profesora del Seminario Evangélico de Teología de Matanzas y del Instituto Superior Ecuménico de Ciencias de la Religión de la Habana. Máster en Teología con especialización Biblia y Lenguas Bíblicas. Actualmente escribe su tesis doctoral. Es autora de artículos para RIBLA, y participó de diversas obras colectivas.

Elaine Neuenfeldt. Es brasileña, pastora de la Iglesia Evangélica de Confesión Luterana en el Brasil (IECLB). Doctora en teología (Faculdades EST). Fue directora ejecutiva del Programa de Justicia de Género y Empoderamiento de mujeres en la Federación Luterana Mundial. Es ejecutiva del programa de Justicia de Género de ACT Alliance.

Eleuterio R. Ruiz. Presbítero de la Iglesia Católica Romana, profesor de Antiguo Testamento en la Pontificia Universidad Católica Argentina. Si quiere comunicarse con el autor: eleuteruiz@uca.edu.ar

Heidi Neumark. Ha servido como pastora luterana en la ciudad de Nueva York durante casi 40 años. Es la fundadora y directora ejecutiva de un refugio para jóvenes LGTBIQ+ sin hogar. Ha escrito 3 libros: *Breathing Space: A Spiritual Journey in the South Bronx, Sanctuary: Being Christian in the Wake of Trump* y *Hidden Inheritance: Family Secrets, Memory and Faith*, sobre su descubrimiento de las raíces judías. Para comunicarse con la autora: hneumark@gmail.com

Ivone Gebara. Brasileña. Doctora en Filosofía y en Ciencias Religiosas. Fue profesora de Filosofía y Teología en el Instituto de Teología de Recife durante el obispado de Hélder Câmara. Es asesora de grupos populares e invitada como docente por universidades brasileñas y extranjeras. Trabaja en la perspectiva feminista y ecofeminista de la filosofía y la teología. Autora de múltiples ensayos, artículos y más de 10 libros.

Jocabed R. Solano Miselis. De la nación Gunadule en Panamá, nació en el tiempo de las plantas medicinales que en su pueblo es el Bardudnii, en el calendario occidental diciembre. Trabaja como directora de Memoria Indígena, estudió una maestría en teología interdisciplinaria. Camina la fe desde el seguimiento de Jesús desde este entretejido de vida desde las memorias y cosmovivencias de su pueblo. Para comunicarse con la autora: jocabed@memoriaindigena.org

Marcia Blasi. Pastora de la Iglesia Evangélica de Confesión Luterana en el Brasil, IECLB, doctora en teología (Faculdades EST). Es directora ejecutiva del Programa de Justicia de Género y Empoderamiento de mujeres en la Federación Luterana Mundial. Vive en São Leopoldo, Brasil.

María de los Ángeles Roberto. Argentina, profesora en Letras (San Agustín), diplomada en Prevención de la Trata de Personas UCA-CEFyT y magister en Sagradas Escrituras (ISE-DET). Es miembro de la Iglesia Metodista Argentina (IEMA). Si quiere comunicarse con la autora: mrobertoarloud@gmail.com

María Elena Parras. Diacona de la Iglesia Evangélica Luterana Unida (Argentina-Uruguay). Integrante del Grupo Ecuménico *El Encuentro Nos Transforma* de la ciudad de Oberá, Provincia de Misiones, Argentina.

Mirian Saavedra. Integrante del Grupo Ecuménico *El Encuentro Nos Transforma* de la ciudad de Oberá, Provincia de Misiones, Argentina.

Moisés Pérez Espino. Biblista mexicano (amante del 4º Evangelio), Pastor de la Iglesia Luterana Mexicana y coordinador de la Pastoral de Migración. Casado y padre de dos hijos. Si quiere comunicarse con el autor: migracion@ilm.mx

Nancy Elizabeth Bedford. Argentina. Profesora de Teología de Garrett-Evangelical Theological Seminary. Autora de numerosos libros y artículos, entre ellos *Who Was Jesus and What Does It Mean to Follow Him?* y *La porfía de la resurrección: Ensayos desde el feminismo teológico latinoamericano.* Para comunicarse con la autora: nancy.bedford@garrett.edu

Nicolás Panotto. Teólogo, Magister en Antropología Social y Política, y Doctor en Ciencias Sociales. Director de Otros Cruces (ex GEMRIP) Profesor de la Comunidad Teológica Evangélica de Chile.

Pablo Manuel Ferrer. Doctor en Teología por el ISEDET. Actualmente es profesor de Biblia en instituciones de diferentes tradiciones cristianas. Es actor de teatro independiente. Sus principales preocupaciones hoy en día son las referidas a ecología y tecnología, culturas, géneros, movimientos migratorios, economías y solidaridad. Si quiere comunicarse con el autor: pablomanuelferrer@yahoo.com.ar

Paulo Siebra Andrade. Brasileño nacido en Itapipoca en 1980, teólogo luterano y mercadólogo especialista en planeamiento y comunicación, graduado por la Faculdades EST en São Leopoldo y por la Unifanor Wyden en Fortaleza. Actualmente vive en La Plata, Argentina. Para comunicarse con el autor: pauloeduardosiebra@gmail.com

Rafael Malpica Padilla. Pastor. Durante 28 años ha servido en las oficinas nacionales de la Iglesia Evangélica Luterana en América como director ejecutivo de la Unidad para la Misión Global y, recientemente, como director ejecutivo de la Unidad para el Servicio y la Justicia. Una de sus contribuciones ha sido la articulación de una teología para la misión de la ELCA (siglas en inglés) conocida como Acompañamiento.

Renato Lings. Hispanista, traductor, biblista y escritor; natural de Dinamarca, residente de España, cosmopolita, gay y cristiano ecuménico. Si quiere comunicarse con el autor: kirelanu@yahoo.dk

Richard F. Suero Alcántara. Es de la Republica Dominicana. Sirvió como pastor luterano por alrededor de 18 años en el Sur de Milwaukee, Wisconsin, EEUU. Actualmente está a punto de concluir sus estudios de doctorado en la Facultad Luterana de Teología en Chicago (LSTC). Hace un año aceptó un llamado en la iglesia Episcopal de San Andrés en el condado de Yonkers en la Ciudad de Nueva York.

Sonia Skupch. Licenciada en teología y pastora ordenada de la Iglesia Evangélica del Río de la Plata ejerciendo el ministerio pastoral en diversas congregaciones en Argentina y luego como secretaria general y encargada de ecumenismo en dicha iglesia. Actualmente se desempeña como secretaria regional para América Latina y Caribe y Norteamérica de la Federación Luterana Mundial.

Virginia R. Azcuy. Doctora en Teología por la Facultad de Teología de la Universidad Católica Argentina y Profesora de Eclesiología y Teología Espiritual en esa institución. Investigadora en el Centro Teológico Manuel Larraín por la Facultad de Teología de la Universidad Católica de Chile. Coordinadora General del Programa de Estudios Teologanda.

Wilma E. Rommel. Pastora presidenta en la Iglesia Evangélica Luterana Unida (Argentina-Uruguay). Coordinó durante 8 años el Área de Vida y Misión en la Iglesia. Formó parte del equipo de Pastoral Escolar. Autora de varios artículos y co-autora de 4 libros. Desarrolló Ministerio Pastoral en varias provincias Argentinas y también en Montevideo, Uruguay, incluyendo un tiempo en la Iglesia Valdense. Su formación Académica fue en ISEDET y en Tubinga, Alemania.

PARTICIPACIONES ESPECIALES

Alan Eldrid. Pastor en la Iglesia Evangélica Luterana Unida (Argentina-Uruguay) en diversas congregaciones. En la actualidad es Director del Distrito Rioplatense, entre otras funciones. Formación académica en el ISEDET (Buenos Aires), habiendo cursando también materias en el área de predicación en la Lutheran School of Theology (Chicago). Se encuentra en el programa de Posgrado de la United Theological College of the West Indies (Kingston-Jamaica). Anteriormente Presidente de la IELU y Adviser en la División para la Misión y Desarrollo de la Federación Luterana Mundial.

Jaime Dubon. Es de El Salvador. Hizo su Licenciatura en Teología en la Universidad Luterana Salvadoreña y su Maestría en Divinidades en la Escuela Luterana de Teología en Chicago. Pastor en El Salvador durante diez años y desde 2004, pastor en la ELCA. Actualmente se desempeña como Director para América Latina y el Caribe en la Unidad de Servicio y Justicia la ELCA en sus oficinas nacionales en Chicago.

Marisa Strizzi. Doctora en Teología por la Universidad Libre de Ámsterdam. Licenciada en Teología por el Instituto Superior Evangélico de Estudios Teológicos, Buenos Aires. Docente de la Red Ecuménica de Educación Teológica y profesora invitada del Instituto de Pastoral Contextual. Miembro de la Iglesia Anabautista Menonita de Buenos Aires.

En *2021* llega el nuevo libro de *Debbie Blue*

En *Español* e *Inglés* | Formato físico y digital

Otros textos / otra teología